John Diamond
Lebensenergie in der Musik
Band 2

John Diamond

Lebensenergie in der Musik

Band 2

Wie im Leben, so in der Musik

Verlag für Angewandte Kinesiologie
Freiburg im Breisgau

CIP-Kurztitelaufnahme der Deutschen Bibliothek

Diamond, John:
Lebensenergie in der Musik / John Diamond – Freiburg im Breisgau: Verlag für Angewandte Kinesiologie
Einheitssacht.: The life energy in music ‹dt.›
Bd. 1 im Verl. Martin, Südergellersen, u. Jecklin Musikhaus, Zürich

Bd. 2. Wie im Leben, so in der Musik / [aus d. Amerikan. von Tibor Prekopp. Überarb. von Hans Finck]. – 1987.
Orig.-Ausg. u.d.T.: Diamond, John: As in life, so in music
ISBN 3-924077-08-8

1987

Originaltitel: The Life Energy in Music, Volume II. As in Live so in Music

Aus dem Amerikanischen von Tibor Prekopp
Überarbeitet von Hans Finck
Umschlag: Hugo Waschkowski
Lektorat: Susanne Degendorfer, Helga Petres-Lesch
Gesamtherstellung im Rombach: Druckhaus KG, Freiburg i. Br.

ISBN 3-924077-08-08

Inhalt

Vorwort 9
Was heißt es, ein energiestarker Künstler zu sein 12
Transzendente Interpreten 16
Beispiele für die therapeutische Wirkung der Musik 20
Clara Roesch 31
Wie im Leben, so in der Musik 34
Die Geburt einer Dirigentin 42
Die verborgene Gabe 45
Die einsame Geigenspielerin 49
Konzentration 52
Liebe statt Superstar 60
Die wahre Rolle des Begleiters 63
Kamera-Bewußtsein 65
Die Betonung jeder einzelnen Note 67
Der selbstsüchtige Kritiker 69
Einige psychologische Einflüsse bei öffentlichen Auftritten 74
Nach außen gerichtete Kommunikation . . . 84
Projektion, Intimität und Eins-Sein 86
Hier stehe ich 95
Lehrer und die Angst vor Erfolg 104
Duette und Dominanz 108
Die Katastrophe 110
Eine Anmerkung zum Streben nach Höherem („Aspiration") 114
Die göttliche junge Flötistin 118
Wenn ein Musiker die Musik aufgeben will . 122
Eine musikalische Welt 129

Ein Blick auf die moderne Musik 131
Ein Blick auf den modernen Tanz 139
Selbstsüchtigkeit 142
Die Tragödie des Hybris 147
Marilyn 151
Nochmal mit Gefühl 154
Carnegie Hall ist weit weg von zu Hause . . . 159
Das Debüt 162
Was es heißt, Risiken einzugehen 166
Falsche Noten 171
„Im Mittelpunkt stehen" und hohe Töne . . . 178
Die junge Pianistin und ihre Lehrerin 180
Tiefe Töne 182
Berlioz und die „Idée fixe" 185
Der ideale Musiker 191
Anhang I 196
Anhang II 198
Anhang III 199
Anhang IV 200
Über den Autor 204

„Der Künstler ist der Mensch der – Liebe."

Wilhelm Furtwängler

„Unter den Vermittlern von Liebe und Frieden kann es sicherlich keine Stimme geben, die süßer, weicher und wirksamer wäre als sanfte, Frieden atmende Musik."

Elihu Burritt

Vorwort

Alle physischen, psychischen und spirituellen Aspekte des Wesens eines Musikers spiegeln sich in seiner Musik. Wenn wir mit einem Musiker arbeiten, haben wir folglich mit allen drei Komponenten zu tun. Ein Musiker hat bei der Therapie einen Vorteil – die Ich-Stärke, die sich durch vollbrachte Leistungen entwickelt hat. An dieser Stärke können wir mit unseren therapeutischen Bemühungen ansetzen und enorme Verbesserungen erzielen. Diese Stärke in die richtigen Bahnen gelenkt, kann das Instrument für die Heilung des Musikers sein, wie im Kapitel „Beispiele für die therapeutische Wirkung der Musik“ beschrieben.

Ein Musiker ist auf nach außen gerichtete Kommunikation eingestellt. Er spielt für andere. Deswegen können wir ihm leichter helfen, sein Herz zu öffnen, zu wachsen und sich in seiner Ausdrucksfähigkeit zu entwickeln. Sein Medium, die Musik transportiert Liebe, ist eine heilende Kraft – für ihn und auch für seine Zuhörer. Damit diese Liebe ihren bestmöglichen Ausdruck findet, ist sein ganzes Selbst gefordert. Deshalb müssen alle Aspekte ständig überprüft und „feinabgestimmt“ werden.

Es ist sehr aufregend und anregend, mit Musikern zu arbeiten. Es ist kaum möglich, die Freude auszudrücken, die ich erlebe, wenn ich ihnen helfen kann und wenn ich ihre Musik sich entfalten höre. Ich liebe und bewundere sie und den von ihnen gewählten Beruf, und ich bin dankbar, daß ich mit ihnen arbeiten kann.

Das Thema dieses Bandes der Reihe *LEBENSENERGIE IN DER MUSIK* ist: „Wie im Leben, so in der Musik". Es könnte ebenso lauten: „Wie in der Musik, so im Leben". Sie werden feststellen, daß viele Probleme, unter denen Musiker leiden, uns allen gemein sind. Beim Musiker treten sie oft lediglich deutlicher hervor. Vielfältige Probleme kommen ans Licht. Sie können sich zum Beispiel auf das Verhältnis zum Selbst, zu Autoritätspersonen, zur Natur oder zum inneren Puls eines Komponisten beziehen. Besonders wichtig ist es dabei, das Verhältnis des Musikers zu anderen Menschen und zur Welt zu untersuchen. Schwierigkeiten in diesen Bereichen wirken sich auf die Musik aus und werden in ihr aufgedeckt – von frühen Kindheitstraumata bis zum aktuellen Streit mit dem Ehepartner.

Es gehört zum Wesen der Musik (wie jeder Kunst), daß sie nicht privat bleiben kann. Sie ist da, um gegeben zu werden. Ob Sie geben möchten und wie ehrlich, vollständig und frei Sie geben, das entscheidet über die Stärke der Lebensenergie in Ihrer Musik *und in Ihrem Leben.* Die Beziehung des Musikers zu der Musik, die ihm überliefert wurde, zu seinem Instrument und zu den Zuhörern enthüllt sehr viel über ihn. Deshalb muß jeder Ansatz, wenn man Musikern helfen will, ganzheitlich sein. Aufgrund des Wesens der Musik helfen wir, wenn wir ihm helfen, uns allen.

Ich wäre gern ein kompetenter Musiker. Leider bin ich es nicht, und dies muß mein Ersatz sein. So wie Musik erst zum Leben erwacht, wenn sie gespielt wird, so werden auch Sie feststellen, daß Sie mehr von dem haben, was ich geschrieben habe, wenn Sie es laut lesen.

Einleitung

Was heißt es: ein energiestarker Künstler zu sein?

Es gibt ein breites Spektrum von Musikern mit hoher Lebensenergie, angefangen beim „guten, rechtschaffenen Handwerker" bis hin zu den transzendenten Künstlern wie Furtwängler, Monteux und Simons.[1] Sie alle besitzen Eigenschaften, die sie von den energieschwachen Künstlern unterscheiden; all diese Eigenschaften können in entsprechenden Testverfahren[2] nachgewiesen werden.

Die vielleicht wesentlichste Eigenschaft besteht darin, daß sie sich im Test als Person herausstellen, die Musik und ihre Ausübung lieben. Ebenso zeigt es sich, daß sie den Komponisten und das Publikum lieben. Sie selbst mögen es vielleicht nicht so ausdrücken, doch ein Test wird es zeigen. (Andererseits sind die, die solches von sich behaupten, oft keine energiestarken Künstler.)

Es zeigt sich, daß die energiestarken Musiker ihre Aufgabe nicht in der Musikdarbietung allein sehen, sondern auch in der Übermittlung von Liebe, Energie, Vitalität und Menschlichkeit vom Komponisten zum Publikum. In gewissem Sinne sind sie die Mittler oder Katalysatoren. Es zeigt sich, daß sie Beethovens Motto über dem Kyrie der Missa Solemnis „Von Hertzen – möge es wieder – zu Hertzen gehen!" verinnerlicht haben. Es zeigt sich weiter, daß sie dem Publikum diese Liebe geben möchten und zugleich die Liebe, die die Zuhörer ihnen geben wollen, akzeptieren können. Somit sind sie relativ streßfrei (Ich sage „relativ", da kein Musiker vollkommen ist, ebensowenig wie jeder andere Mensch). Sie haben keine Angst vor den Zuhörern, denn ihre Botschaft kündet von Liebe und Hingabe.

Bei diesen Musikern ist das Ego in relativ geringem Maße beteiligt. Sie haben sich dem Gott der Musik, dem Komponisten und dem Publikum geweiht. Trotz aller Schmeicheleien, die ihnen von der Öffentlichkeit entgegengebracht werden mögen, werden immer eine gewisse Sanftmut und Bescheidenheit um sie sein – nicht unbedingt in ihrem Leben allgemein, sicher aber, wenn sie sich mit Musik beschäftigen. Sie mögen auch weniger angenehme Charakterzüge haben. Sie sind eben nicht vollkommen, doch wenn sie sich mit Musik beschäftigen, wenn sie sich der wunderbaren, ehrfurchtgebietenden Ausstrahlung der Musik unterwerfen, fällt jegliche unangenehme Eigenschaft von ihnen ab, sie werden transformiert – und transformieren gleichzeitig ihre Zuhörer. Ich habe auch festgestellt, daß wirklich energiestarke Musiker bei allen persönlichen Marotten im großen und ganzen auch im sonstigen Leben angenehme, warme, liebevolle und aufrichtige Menschen sind. Die Musik hat bei ihnen das bewirkt, was sie bei uns allen bewirken kann.

Und immer wieder finde ich als unvermeidliche Begleiterscheinung dieser Geisteshaltung, daß energiestarke Musiker ihren Körper besser im Sinne von F. M. Alexander gebrauchen.[3] Die körperlichen Bewegungsabläufe, mit denen sie ihre Musik machen, sind voller Schönheit, Natürlichkeit, relativer Leichtigkeit und Streßfreiheit. Eine Eigenschaft muß besonders berücksichtigt werden, denn hierin unterscheidet sich diese Gruppe grundlegend von der Gruppe der Interpreten mit niedrigem Energiepotential: das, was wir *„im Gleichklang mit dem Komponisten"* nennen. Das heißt, sie besitzen die Fähigkeit, gänzlich mit dem Puls des Komponisten eins zu werden – mit seinem Atem, seinem Wesen, seiner Enzigartigkeit. Sie berühren das Menschsein des Komponisten im Kern, in diesem Einswerden erreichen sie das Zentrum seiner Schöpferkraft und seines Strebens. Das alles geben sie an die Zuhörer weiter, nicht nur den musikalischen Inhalt, sondern das, was es wirklich ist: eine Botschaft von Herzen zu Herzen.

Völlig anders beim energieschwachen Musiker: er ist hierzu nicht in der Lage. Er kann sich nicht von seinem Ego lösen und sich mit dem Komponisten identifizieren. Er dringt nicht zum Wesen des Komponisten vor. Wenn ich Komponisten und die Charakteristika ihrer Musik teste, muß ich folglich immer mit energiestarken Musikern arbeiten, denn bei ihnen teste ich wirklich den Komponisten durch den Musiker. Beim energieschwachen Musiker jedoch spiegelt der Test weit mehr die Befindlichkeit des Musikers. Auf seinen Schallplatten finden wir ihn, sein Wesen, nicht das des Komponisten. Er befindet sich nicht im Gleichklang mit dem Komponisten, bewegt sich nicht mit ihm.

Statt dessen erklärt er: „Ich mache es nicht so, wie du es willst! Ich mache es so, wie ich will." Der Musiker, der sich nicht im Gleichklang mit dem Komponisten befindet, erweist sich im Test als stark, wenn er sagt: „Ich bin wichtiger als der Komponist."

Beim energiestarken Musiker wird das Testergebnis umgekehrt sein. Er besitzt eine Demut, die seiner totalen Hingabe an diesen glorreichen Ausdruck wahrer Liebe entspringt; und dies verleiht seiner Musik therapeutische Kraft. Er ist, auf seine eigene, besondere Art, ein Heiliger.

Das Ziel meiner Arbeit ist es, energieschwache Musiker in energiestarke zu verwandeln und ihnen Mut zu geben, auf diesem Weg fortzuschreiten.

1 Siehe „Die verschiedenen Stufen der therapeutischen Kommunikation", Lebensenergie in der Musik, S. 25 ff

2 Testbeschreibungen im Anhang

3 Vgl. zum Beispiel: F. Matthias Alexander: Die Grundlagen der Alexander-Technik, Arbor Verlag, 1985

Transzendente Interpreten

Wie schon in der Einleitung gesagt, gibt es drei Grundtypen von Interpreten. Der erste Typ besteht den LEBST-Test (Test der Atemlänge) nicht.[1] Personen dieses Typs befinden sich *nicht im Gleichklang mit dem Puls des Komponisten.* Zwei Gruppen bestehen den LEBST-Test (der Atemlänge), befinden sich also im Gleichklang mit dem Puls des Komponisten. Eine dieser Gruppen umfaßt die Musiker die ich *„gute, rechtschaffene Handwerker"* nenne. Sie übermitteln korrekt den inneren Puls des Komponisten, viel mehr als das leisten sie aber nicht. Ein transzendenter Interpret jedoch übermittelt nicht nur den Puls des Komponisten; er steht so sehr im Einklang damit, daß er ihn entfalten und zu vollem Potential entwickeln kann. Somit haben seine Interpretationen die größte Tiefe und Bedeutung. Furtwängler ist ein Beispiel für diese Kategorie von Musikern. Der technisch hervorragende Interpret, der den Test der Atemlänge nicht besteht, kann auch sehr dramatische Darbietungen geben, doch diese beziehen sich auf seine eigene Persönlichkeit, da er der Musik seinen eigenen Puls auferlegt. Diese Musiker können zwar auf ihre Art größte Begeisterung auslösen, doch bleiben sie oberflächlich. Ihre Musik befindet sich nicht in Übereinstimmung mit dem Komponisten, denn sie vermitteln nicht seinen Puls, sondern ihren eigenen. Im Gegensatz dazu gibt der transzendente Künstler sein Ego völlig auf und wird eins mit dem Komponisten. Als ob er ihn von innen heraus erfühlen kann.

Der „gute, rechtschaffene Handwerker" befindet sich in der Mitte zwischen diesen beiden Gruppen. Seine Wiedergaben sind gewöhnlich weniger theatralisch und weniger dramatisch als die des gestreßten, energieschwachen Künstlers, und auch weniger bombastisch. Andererseits zeigt er weniger Tiefe und Hingabe als der transzendente Künstler. Auch seine Ego-Beteiligung liegt mitten zwischen beiden. Er ist gewöhnlich nicht fernsehkamera-orientiert wie der dem Atemlänge-Test nach energieschwache Interpret. So stark ist sein Ego nicht beteiligt, aber es spielt noch eine gewisse Rolle. Er kann sich dem Puls des Komponisten unterwerfen, hat dabei aber gewisse Schwierigkeiten. Er tut es nicht leicht und frei. Ein Teil von ihm zögert, hält sich zurück. Die Liebe für den Komponisten und der Wunsch, ihm gegenüber ehrlich zu sein, sind da, und er stellt sein Ego in den Dienst des Komponisten – aber nicht vollständig.

Ich kenne einen Dirigenten, der ein gutes Beispiel für diese Gruppe abgibt. Wenn ich ihn bitte, schweigend ein Musikstück wie z. B. den dritten Satz von Beethovens Erster Symphonie zu dirigieren, schaut er ganz intensiv – so als ob er einen Moment lang in sich ginge. Dann überzieht ein breites Lächeln sein Gesicht – „Oh, ja" – und er beginnt zu dirigieren, wobei er die ganze Zeit vor Glück lächelt, so als ob er gerade die Beziehung zu einem lieben alten Freund aufgefrischt hätte. Wenn ich den zweiten Satz von Haydns 44. Symphonie vorschlüge, gäbe es wieder diesen Augenblick der Stille und dann wieder das breite Lächeln. Dann würde er auch dieses Stück dirigieren. Wir könnten so lange fortfahren. Hier zeigt sich seine Liebe für die Musik, seine Liebe für die Komponisten. Er möchte ihnen dienen, deshalb läßt er sich nicht auf das theatralische Gehabe und die Ego-Trips der energieschwachen Dirigenten ein.[2] Auf der anderen Seite finden wir nicht die totale Ego-Aufgabe wie beim transzendenten Künstler. Ein kleiner Teil von ihm selbst bleibt und stellt sich in den Weg. Das habe ich oft bei den Proben dieses Dirigenten gehört. Er kann den Puls des Komponisten wunderbar übermitteln, aber wenn ein Mitglied des Orchesters einen Fehler macht, regt er sich auf – und ich kenne keinen transzendenten Künstler, der sich wirklich aufregt. Der Ärger bei einem Fehler ist ein Anzeichen dafür, daß sich sein Ego in den Weg stellt. Gleich darauf liefert er selbst den Beweis, indem er sagt: „Warum tun Sie mir das an?“ Nicht Beethoven, nicht der Musik, nicht dem Orchester, nicht dem Publikum, sondern „*mir*“. Beim energieschwachen Interpreten ist das „mir“ höchst bedeutend. Bei transzendenten Interpreten gibt es das „mir“ überhaupt nicht. Beim guten, rechtschaffenen Handwerker fließt noch immer ein gewisses Maß an „mir“ ein, und das kommt in solchen Augenblicken der Verärgerung durch. Dieses kleine Stückchen Ego, dieser Narzißmus hindert ihn daran, ein transzendenter Künstler zu sein.

Um diesen Zustand zu überwinden, sind drei

Dinge notwendig: *Streben nach Höherem,* das im Falle des durch den Atemlängetest als stark ausgewiesenen Interpreten schon vorhanden ist; *der Wille, bestimmte Dinge nicht zuzulassen:* narzißtische Wünsche sollten nicht zugelassen werden; und schließlich – der problematische Bereich – *Hingabe,* der Mut, sich dem Puls des Komponisten völlig hinzugeben und mit der Musik gänzlich zu verschmelzen. Das ist, wie wenn man nach der Geburt ganz friedlich in den Armen der Mutter oder auf ihrem Bauch liegt; man existiert eigentlich nicht mehr als individuelle, isolierte Person, man befindet sich einfach zutiefst im Einklang mit dem Puls des Lebens, der uns umgibt, einhüllt und liebt. Dies erfordert grenzenlosen Mut, denn die Voraussetzungen sind absolutes Vertrauen und absolute Liebe. Es darf keine Angst, kein Zurückhalten geben, sondern nur völlige Hingabe. Streben nach Höherem, der Wille, das Ego nicht zuzulassen und Hingabe könnte eine Formel für das religiöse Leben des Menschen sein.[3] Sie gilt auch für sein musikalisches Leben.

1 Life Energy Breath Span Test, Test der Atemlänge, vgl. „Lebensenergie in der Musik" S. 21 ff und Anhang dieses Buches Teil IV

2 Ich habe einmal eine Unterhaltung zwischen zwei Musikern gehört, die treffend den Unterschied zwischen einem energieschwachen und einem energiestarken Interpreten veranschaulicht. Sie unterhielten sich über ihre bevorstehenden Konzerte. Der energieschwache Musiker bemerkte, er werde ein Werk eines bestimmten Komponisten spielen. Der energiestarke Musiker erwiderte, er habe noch nie ein Konzert mit den Werken dieses Komponisten gegeben, da er bisher nicht fähig gewesen sei, ihn zu lieben. Da fragte der erste Musiker: „Was hat denn Liebe damit zu tun?"

3 Siehe „Lectures On A Spiritual Basis Of Holistic Therapy", S. 30–33

Beispiele für die therapeutische Wirkung der Musik

Als Toms neue Musiklehrerin ihn zu mir brachte, sagte sie: „Er ist sehr talentiert, aber auch sehr merkwürdig." Merkwürdig für sie, zweifellos, aber nicht für mich. Wenn man von einem wichtigen Unterschied absieht, hatte ich schon Hunderte von Toms gesehen. Er sah aus wie viele der chronisch Schizophrenen, die ich Jahre zuvor in staatlichen Kliniken betreut hatte. Das erste, was mir auffiel, war das Gefühl enormer Anspannung, Erregung und Verwirrung, das er auf mich übertrug. Steif stand er vor mir und trat dabei sehr schnell von einem Fuß auf den anderen, als ob er auf der Stelle ginge; genau wie die Patienten auf dem Hof der Klinik. Mit einem Ausdruck enormer Verwirrung starrte er mich an und versuchte, diese neue Situation zu verstehen. Seine Stirn war gerunzelt. Er konnte seine Eindrücke nicht recht zusammensetzen. Er erinnerte mich an viele Patienten aus meiner Zeit an der staatlichen Klinik, die sich so verhielten, wenn ich sie bloß nach ihrem Namen fragte. Solch eine Verwirrung konnte ich von seinem Gesicht ablesen, solche Verstörung strömte er aus. Der übrige Teil des Gesichts war unbeweglich, als ob er sich nicht als Ganzes bewegen könnte. Seine Lippen bewegten sich beim Sprechen, doch in seinem Gesicht war kein Ausdruck von Emotion, nur das ständige, Verwirrung signalisierende Stirnrunzeln. Er sprach sehr schnell, zuweilen war er fast nicht zu verstehen. Seine Kleidung war irgendwie unordentlich, – nicht daß sein Hemd halb aus der Hose hing, aber seine Kleidung hatte keine Verbindung zu ihm; sie bedeckte zwar seinen Körper, schien aber nicht richtig dazuzugehören. Sie war so desorganisiert wie er selbst. Obwohl er unaufhörlich von einem Fuß auf den anderen trat, war etwas Totes an seinem Körper. Seine Arme hingen schlaff und bewegungslos an den Seiten herunter. Gelegentlich bewegte er sie plötzlich und brachte Leben in sie, ließ sie jedoch anschließend wieder fallen. Es schien in ihm keinen ständigen Fluß von Lebensenergie zu geben. Vielmehr gab es ab und zu bei Bedarf einen plötzlichen Ausbruch und dann wieder einen Rückfall. Wie man sich vorstellen kann, war seine Atmung angespannt und flach. Vor jedem hastig gesprochenen Satz nahm er einen schnellen Atemzug. Mein erster Eindruck von ihm war der von Erregung – der Erregung, die er in mir hervorrief. Das war jedoch nur ein Bruchteil der Erregung, die in ihm steckte.

Dann geschah ein Wunder. Seine Lehrerin bat ihn zu spielen. Alles war wie verwandelt. Plötzlich – so banal, wie es auch scheinen mag, doch der Gedanke kam mir damals – war es, als ob er ein Engel geworden wäre. Plötzlich waren da Süße, Feingefühl und enorme Gefühlstiefe – ja, auch starke Liebe –, als er nämlich begann, etwas von Schubert zu spielen und dann ein von ihm selbst geschriebenes Präludium. Er wurde ein anderer Mensch. Anfangs blieben noch viele Probleme bestehen – die Unruhe in seinen Beinen, der immer noch starre Ausdruck seines Gesichts – doch die Verwirrung war aus seinem Gesicht verschwunden, obwohl es noch immer unbewegt blieb. Energie durchfloß den gesamten Körper; seine Arme und sein Rumpf waren aktiviert, in seinen musikalischen Gesten lagen Fließen, Anmut und Schönheit. Er lebte, und die Musik hatte ihm zum Leben erweckt.

Sein Spiel wies auch ein Merkmal auf, das ich bei einer Reihe von geistig gestörten Patienten gehört habe. Einer von ihnen formulierte es so: „Ich höre Musik anders als andere Leute." Das konnte ich ganz klar bei Tom feststellen. Er hörte Dinge, die ich nie hören würde, Dinge, die auch seine sehr erfahrene Lehrerin nie gehört hatte. Es gab eine Verbindung zwischen ihm und der Musik, zwischen ihm und dem Klang, die wir nie erfahren werden. Ich konnte sie erahnen, aus der Ehrerbietung und der Aufmerksamkeit, die er jeder Note widmete, aus der Art, wie er so intensiv, so total zuhörte. Er hörte etwas, das sich unserem Hörvermögen entzog. *Das war seine Krankheit, aber auch seine Stärke.*

Später erfuhr ich von ihm und seiner Mutter mehr über seine Fallgeschichte als psychisch Gestörter. Er war mehrmals in psychiatrischer Behandlung gewesen, was ihm teilweise geholfen hatte. Und jetzt war er trotz seines „Sonderbar-Seins" fähig, als professioneller Musiker seinen Unterhalt selbst zu verdienen. Er und seine Mutter wußten nur all zu gut, welch große Hilfe die Musik ihm gewesen war. Vor einigen Jahren hatte er aufgehört zu spielen und kurz danach versucht, Selbstmord zu begehen. Musik hatte geholfen, ihn wieder zurück ins Leben zu bringen. Wenn ich Tom musizieren sah, wußte ich, daß seine Musik und seine Geige ihn vor dem Schicksal all jener chronisch Schizophrenen, die in den staatlichen Kliniken eingesperrt sind, bewahrt hatten. Seine Musik war seine Rettung gewesen. Sicherlich war er nicht geheilt, aber der Weg zu seiner Heilung führt über seine Stärke, seine Musik. Man muß ihm helfen, sich allen Aspekten des Lebens so wie der Musik zu nähern. Bei der Therapie konzentrierte ich mich darauf, ihm dabei zu helfen, sich so gut wie möglich durch die Musik auszudrükken, seine Kreativität klar zu erkennen und dadurch den Geist der Liebe auszudrücken, der ihm innewohnt.

*

Mediziner befassen sich in ihrer Ausbildung mit Krankheiten. Wir lernen sehr viel über Pathologie, aber sehr wenig über Gesundheit. Dasselbe gilt für meinen Spezialbereich des Psychiatrie. Man hat mir gelernt zu erkennen, was bei einer Person nicht stimmte, nicht aber, was bei ihr stimmte – wir lernten, ihre Schwächen zu sehen, nicht aber ihre Stärken. Früher hatte ich meine Praxis neben einem klinischen Psychologen. Oft untersuchten wir dieselben Patienten, ich mit meiner Technik des psychiatrischen Interviews, er mit seinen psychologischen Testverfahren. Dann schrieben wir gemeinsame Berichte über die Patienten. Ich verstand mich sehr viel besser darauf, festzustellen, was bei dem Patienten nicht stimmte – die Bereiche von Haß, die Schwierigkeiten mit den Eltern, die Illusionen, Halluzinationen und Fehlwahrnehmungen. Ich ging meine Notizen über das was dem Patienten meinen Untersuchungen zufolge fehlte, durch und stellte dann die Diagnose – z. B. Schizophrenie. Er aber sagte zu mir: „ Ja, du hast recht, der Mann ist schizophren, aber weißt du auch, daß er folgende Stärken hat – zum Beispiel, daß er ein sehr guter Künstler ist?“ Der Psychologe fand Persönlichkeitsbereiche, in denen der Patient Stärken hatte. Ich jedoch vermochte nur das „Schlechte“, die Rohheit, die Krankheit aufzuspüren, nicht aber das „Gute“. Ich hatte gelernt, die Schwächen zu sehen, nicht die Stärken. Doch beides ist sehr wichtig für eine umfassende Diagnose und für die Festlegung eines Behandlungsplans für den Patienten. Der Patient wird durch seine Stärken geheilt. Immer wieder habe ich während meiner Tätigkeit an psychiatrischen Kliniken und auch später erlebt, wie Patienten aufgrund ihrer Stärken geheilt wurden – ich könnte sagen, *nur* aufgrund ihrer Stärken. Ich sehe die wahre Rolle der Medizin, die wahre Rolle des Arztes darin, die Kraft zu Selbstheilung, die in den Ich-Stärken des Patienten steckt zu unterstützen und zu erleichtern. Das ist der Weg natürlichen Heilens.

Das stand mir nach meiner Klinik-Tätigkeit klar vor Augen. Zum ersten Mal wurde mir bewußt, daß nicht das, was ein Patient nicht konnte, von Bedeutung war, sondern das, was er *konnte,* besonders wenn es aus seiner Kreativität wuchs. Ich habe erlebt, daß viele Patienten durch ihre kreative Aktivitäten geheilt wurden. Ich erinnere mich an einen äußerst paranoiden Schizophrenen, der nicht so sehr durch Elektroschock, Tranquilizer und Psychotherapie geheilt wurde, sondern durch die Stärkung seines Ichs, die sich aus seiner Beschäftigung mit Emaillearbeiten entwickelte. Er wurde ein sehr geschickter Handwerker und machte daraus nach seiner Entlassung einen Beruf. Ich habe oft erlebt, daß Kunst, Töpfern und Literatur zu solchen Ergebnissen führten; am häufigsten aber geschah es bei Musik.

Ich habe einmal beim Aufbau einer Rehabilitationsabteilung für chronisch Schizophrene mitgewirkt. Einige von ihnen waren schon seit Jahren in der geschlossenen Abteilung eines alten Krankenhauses behandelt worden. Jemand stiftete ein altes Klavier. Unter den Patienten war eine Dame, die schon seit Jahren dort war, und über die wir nicht viel hatten erfahren können. Sie kam aus einfachen Verhältnissen. Ihr Ehemann war Arbeiter. Wir wußten, wie gestört sie war, wir wußten, was nicht in Ordnung war, aber wir wußten nicht, was in Ordnung war – wir kannten ihre Stärken nicht. Bis das Klavier geliefert wurde, hatten wir nicht einmal gewußt, daß sie spielen konnte. Eines Tages hörte ich jemanden eine Beethoven-Sonate spielen, sehr ungenau zunächst, mit vielen Fehlern und Gedächtnislücken, aber trotzdem Beethoven. Es war sie, diese „Schizophrene im fortgeschrittenen Stadium“, die dort Beethoven spielte. Nach einer gewissen Zeit spielte sie alle Beethoven-Sonaten und wurde schließlich entlassen. Soweit ich weiß, kehrte sie nie wieder zurück.

Ich erinnere mich an einen Mann, der stumm gewesen war, seitdem er während des Korea-Krieges von den Nordkoreanern gefangen genommen worden war. Er hatte sich ungefähr sieben Jahre in der Klinik befunden und nie gesprochen. Die Diagnose lautete „zurückgezogener Schizophrener“, was er zweifellos war. Ich hatte viele Male versucht, mit ihm zu sprechen. Ich sagte: „Hallo, Leo“, und er schaute mich nur an und erkannte kaum, daß ich mit ihm gesprochen hatte. Obwohl er noch jung war, schien es unwahrscheinlich, daß er das Krankenhaus jemals wieder verlassen können würde. Keine Behandlung hatte geholfen, so verkümmerte er fast vergessen in der geschlossenen Abteilung. Dann sah ich ihn eines Tages Klavier spielen, indem er hier und da einen Ton anschlug. Ich ging zu ihm hinüber und setzte mich neben ihn. Wieder sagte ich: „Hallo, Leo“, wie ich es viele Male zuvor gesagt hatte. Dieses Mal erhielt ich eine Antwort – er spielte einige Töne zu mir zurück. Ich sagte noch etwas, und er spielte weitere Töne als Antwort. Nach ungefähr zwei Wochen begann er, mit mir zu sprechen, aber immer nur, während er Klavier spielte. Er erzählte mir viel über seine Erfahrungen in Korea, über seine tiefen Ängste und den Schrecken, der in ihm steckte; alles wiederum während er spielte. Dann begann er, mehr zu spielen, und mir wurde klar, daß er wirklich Klavier spielen konnte. Zuerst waren es nur tastende Bewegungen gewesen, aber dann begann er zu spielen. Auch er wurde entlassen und wurde nicht wieder eingeliefert, solange ich dort arbeitete.

Wir kannten ihre Schwächen, ihre Illusionen und Halluzinationen, ihre Zurückgezogenheit, ihre Schizophrenie. Wir kannten aber nicht ihre Stärke, ihre Musik. Diese beiden Menschen wurden durch ihre Stärken geheilt. Seitdem versuche ich, die Stärke eines jeden Patienten herauszufinden, die Quelle seiner Heilung. Jeder hat sie. Wir müssen sie nur finden. Sie mag in der Gartenarbeit liegen, kann die Fähigkeit sein, mit kleinen Kindern zu spielen, oder auch eine technische Begabung. Wenn ich nicht offensichtliche Stärken feststellen kann, ermutige ich sie, neue zu entwickeln. Gewöhnlich rege ich sie dann an, Musik zu spielen, da sie solch ein gutes Hilfsmittel ist. Ich schlage als Instrument oft das Didjeridu vor, da hierfür kein Unterricht notwendig ist, und es die Möglichkeit bietet, sich kreativ auszudrücken.

Einem Patienten, mit dem ich erst neulich zu tun hatte, gelang es, sich selbst mit seiner Musik zu heilen. Ich kenne ihn schon seit einiger Zeit, ein junger Mann, Musikstudent für Klavier, mit viel musikalischer Begabung, aber auch vielen tiefen psychischen Problemen. Sein Freund rief mich in höchster Not an und berichtete, mein Patient Al leide unter akuten Störungen. Er hatte sich in sein Zimmer geflüchtet und versteckte den Kopf unter einem Kissen; war völlig zurückgezogen. Man konnte kaum mit ihm reden. Er wollte nicht aus seinem Zimmer kommen. Sein Freund erzählte mir, wie deprimiert Al aussah. Er befürchtet, Al könnte wahnsinnig werden oder versuchen, sich umzubringen. Der Freund, ein sehr genauer Beobachter, wußte, daß mit ihm etwas ganz und gar nicht stimmte. Wir konnten in Erfahrung bringen, was diese Situation ausgelöst hatte. Al war mit einem einige Jahre älteren Mädchen befreundet – er selbst ist noch keine zwanzig Jahre –, die über viel mehr sexuelle Erfahrung als er verfügte und selbst in hohem Maße gestört und destruktiv war. Sie hatte Al in einige sehr unangenehme und erniedrigende sexuelle Situationen gebracht, wobei er das Gefühl bekommen hatte, die Kontrolle über sich zu verlieren. Bei weitem am schlimmsten aber war die folgende Episode: Sie hatte ihm auf höchst destruktive Art mitgeteilt, daß sie nichts mehr mit ihm zu tun haben wolle und ihn aufgefordert, ihre Wohnung sofort zu verlassen. Schließlich gelang es seinem Freund, ihn ans Telefon zu holen, und Al erzählte mir, wie er fühlte, die Kontrolle über sich selbst zu verlieren. Er beschrieb zahlreiche typische Symptome von Persönlichkeits- und Wirklichkeitsverlust, die ohne Zweifel auf akute schizophrene Reaktion schließen ließen.

Früher, als mir die Kraft, die in den Stärken eines Patienten steckt, noch nicht bewußt war, hätte ich Al in die Klinik einliefern lassen. Das wollte ich diesmal nicht tun, ich hielt es auch nicht für notwendig. Ich war sicher, daß Al sich durch seine Stärke, seine Musik selbst heilen konnte und sagte es ihm auch. Er verstand, was ich meinte, denn er hatte miterlebt, wie die Kraft der Musik andere geheilt hatte. Ich bat ihn, ans Klavier zu gehen und aus dem „Wohltemperierten Klavier“ zu spielen, von dem ich wußte, daß er es kannte. Ich dachte, dies würde in ihm die richtige ruhige und gleichzeitig aufgeschlossene Stimmung erzeugen, die er brauchte. Dann ließ ich ihn weiterspielen, das Mädchen in Gedanken vor sich stellen und ihr das sagen, was er ihr nie hatte sagen können: daß er verärgert über sie sei, daß er aber verstehe, wie groß ihre Angst vor der Beziehung war, und daß sie sie beenden mußte. Dann schlug ich vor, ihr zu sagen, daß er ihr vergebe, und sie gehen zu lassen. Ich bat ihn, weiter Bach zu spielen und zwar mit dem dringenden Wunsch, aus seinem Herzen Bachs Botschaft der ganzen Welt zu übermitteln – seinem Freund, mir, seiner Ex-Freundin, seinen Eltern, der ganzen Welt. Ich betonte, dies sei seine Stärke und er besitze auch in derart widrigen Momenten die Kraft, anderen zu helfen. Ich wollte, daß er sich nicht in sich zurückzog, sondern sein Denken nach außen richtete, anderen gebend, Liebe gebend. Denn wenn wir Liebe geben, werden wir selbst geheilt.

Ich ließ ihn auch sich vorstellen, wie er selbst diese Liebe übermittelte, eins mit Bach zu sein, Bach durch sich fließen zu lassen und sich im Einklang mit der Welt zu finden. Genau wissend, wer er war, doch zugleich zu wünschen, mit allen um ihn herum eins zu sein. So gewann er seine Fassung wieder, seine Ich-Identität, die durch die Episode angeschlagen worden war. Innerhalb von fünfzehn Minuten hatte er sich erholt. Er sprach anders, er fühlte sich anders. Seine akuten Symptome verschwanden und er ging mit seinen Freunden essen. In jener Nacht schlief er ruhig und wachte am nächsten Morgen erfrischt und fröhlich auf. Solche Kraft steckt in der Musik.

Clara Roesch

Sie haben wahrscheinlich noch nie von Clara Roesch gehört, und Sie werden voraussichtlich auch nie wieder von ihr hören. Die im Musikgeschäft dominierenden Mächte haben anscheinend verfügt, daß sie nicht das Zeug zum Superstar besitzt. Und doch ist sie eine der energiestärksten Dirigenten, die ich je getestet habe. Ihre Musik – wie könnte es anders sein – spiegelt in vollkommener Weise ihre Persönlichkeit. Sie ist ein sehr warmer, freundlicher, liebevoller und großzügiger Mensch, der immer zu lächeln scheint und Freude und Glückseligkeit ausstrahlt. In ihr steckt ungeheuer viel Liebe, Anmut und Schönheit – und ebenso in allem, was sie macht.

Gestern abend dirigierte sie im kleinen Konzertsaal ihrer Heimatstadt Haydns „Schöpfung" mit einem kleinen Orchester, einigen guten Solisten und ihrem Chor. Sie gab uns allen ein höchst bewegendes, liebevolles und geistig aufbauendes Geschenk. Lange bin ich nicht mehr in einer öffentlichen Musikaufführung so gerührt gewesen; gewöhnlich fallen mir bei allen Gelegenheiten das Rascheln, die Bewegungen, das Husten und all die anderen Ablenkungen auf, unter denen heutige Live-Aufführungen zu leiden haben, und die in dem Maße schlimmer werden, wie unsere Gesellschaft unter steigender Überaktivität leidet. In diesem Punkt war dieses Konzert keineswegs anders. Es gab sogar lautes Klicken und Blitzlichter von Amateurfotografen, die vor- und zurückhuschten, um Aufnahmen von ihren Freunden oder Familienmitgliedern im Chor zu machen. Dieses Mal jedoch störten mich die Ablenkungen nicht. Ich war tief versunken an einem ruhigen, heiligen Ort, Hand in Hand von Clara Roesch dorthin geführt. Ich erlebte einen inneren Frieden und eine Ruhe, die es nur sehr selten gibt und die uns von Gott durch sie gegeben wurde, durch ihre Hände. In der Pause sah ich sie hinter der Bühne; sie kam zu mir, hielt meine Hand, sah mir direkt in die Augen und sagte mit ihrem warmen Lächeln; „Danke schön, daß Sie gekommen sind, John Diamond." Und nach der Aufführung stand sie im Foyer, lächelte jedem zu und strahlte reine Freude und Liebe aus. Und wieder hielt sie meine Hand, küßte mich und dankte mir für mein Kommen.

Ich sehe sie jetzt in Gedanken, wie sie gestern abend dirigierte, wie sie sich nach vorne beugte und dem Orchester und den Sängern zulächelte – dieses Lächeln war immer da, diese Freude und Liebe. Und noch mehr, ich sehe ihre Hände – ihre weichen, warmen streichelnden Hände. Kein Stock, keine aggressive Geste, keine Herrschaft, Macht, Autorität, einfach nur Liebe. Nicht die Erotik von Stokowskis Händen, sondern die reine, allen geltende Liebe, die äußerster Güte entspringt, *Caritas.* Die Liebe der Mutter als höchste Quelle all unserer Musik, all unserer Kommunikation, all unserer Liebe auf Erden. Ihre Hände waren immer weich, streckten sich nach oben und nach außen, immer eine Geste der Hoffnung, Unterstützung und Beruhigung. Ich war absolut fasziniert, während ich ihre Hände beobachtete. Ein Buchtitel stand mir vor Augen: *With Loving Hands.*[1] Ich brauchte keinen Haydn, kein Orchester, keine Sänger. Ihre Hände reichten aus. Ihre liebenden Hände waren alles.

1 dt. Ausgabe: Frédérick Leboyer: Sanfte Hände, Kösel Verlag, 6. Aufl. 1985

Wie im Leben, so in der Musik

Während einer meiner Vortragsreisen in Europa trat ein bekannter australischer Posaunist, der damals gerade in Deutschland spielte, besorgt an mich heran. Er sagte, mit seinem Spiel stimme irgendetwas nicht mehr. Es machte ihm keine Freude mehr – statt dessen hätte er Angst davor. Ob er mich nicht unter vier Augen sprechen könne? Wir vereinbarten, uns nach der Probe des Orchesters im Konzertsaal zu treffen.

Es stand uns nur sehr wenig Zeit zur Verfügung, deshalb schien es mir notwendig ihn mit Fragen zu konfrontieren, die ich unter normalen Umständen gründlicher und weniger hastig bearbeitet hätte. Zunächst ließ ich ihn sagen „Ich liebe meine Posaune"; er testete schwach. Wenn er sagte „Ich spiele gern Posaune", testete er auch schwach. Der betroffene Meridian war der Herzmeridian. Was das zu bedeuten hat, werden wir später kennenlernen. Auch wenn sich sein Freund eine Posaune an den Mund hielt, als ob er spielen würde und Bob ihn anschaute, ergab der Test eine Schwächung – und wieder war es der Herzmeridian. Wenn die Posaune jedoch von ihm wegzeigte, so daß er nicht länger in die Öffnung sehen konnte, ergab der Test keine Schwächung. Dann hielt sich Bobs Freund ein Baritonhorn an die Lippen; daraufhin testete Bob stark. Er testete aber erneut schwach, wenn die Baßposaune so geneigt wurde, daß der Schalltrichter zu ihm zeigte. Außerdem ergab der Test keine Schwächung, wenn die Baßposaune ganz normal so gehalten wurde, daß ihr Trichter nach oben zeigte. Was bedeuten all diese Ergebnisse? Irgendwie gab es einen Zusammenhang zwischen seiner Unfähigkeit, sein eigenes Spiel zu mögen, und dem Gedanken, durch den Trichter etwas direkt auf das Publikum zu projizieren. Auf alle im Publikum? Nein, denn wenn er sagte „ Ich möchte für Männer spielen", testete er stark; wenn er jedoch sagte „ Ich möchte für Frauen spielen", ergab der Test eine Schwächung.

Man muß kein Psychoanalytiker sein, um zu erkennen, daß in dem Akt, den Trichter einer Posaune auf weibliche Zuhörer zu richten, sexuelle Untertöne liegen. Ich testete Bob bei der Aussage „Die Posaune bezieht sich auf meine Mutter"; und er testete schwach. Wenn er jedoch sagte „Die Posaune bezieht sich auf meine Frau Ellie", testete er stark. Als er sagte „Ich liebe Ellie mehr als meine Posaune", testete er auch stark. Und als er sagte „Wenn ich meine Posaune wirklich liebe, werde ich Ellie verlieren", testete er stark. Irgendwie stand sein Probelm beim Spielen in einem unbewußten Zusammenhang mit der Erhaltung seiner Ehe. Er hatte seine Freude am Posaunenspiel geopfert, um seine Ehe aufrechtzuerhalten. In Anbetracht des offensichtlichen sexuellen Hintergrunds des Problems bat ich ihn, zunächst leise und dann laut zu spielen, während er sich vorstellte, vor einem Mann zu spielen. Er testete stark. Anschließend ließ ich ihn leise spielen, während er sich vorstellte, vor einer Frau zu spielen; er testete danach stark. Aber wenn er laut, schrill und aggressiv für die Frau spielte, testete er schwach. Wiederum war der Herzmeridian betroffen.

In eingehenden Tests, die über den Rahmen dieses Buches hinausgehen, fanden wir heraus, daß Bob ein Gefühl sexueller Überlegenheit hatte. Wenn er sich vorstellte, mit seiner Frau zu schlafen und dabei oben zu liegen, testete er stark; wenn seine Frau jedoch oben lag, schwach. Wiederum war der Herzmeridian, der Meridian des Ärgers, betroffen.[1] Bob gab zu, daß dies in ihrer Ehe ständig ein Problem gewesen sei. Jeder von ihnen wollte oben sein. Im großen und ganzen sind sie zu einem Kompromiß gekommen, und sie führen vergleichsweise eine sehr schöne Ehe. Wenn er aber sagte „Ich bin zufrieden mit meinem Sexualleben", testete er schwach. Irgendwie gab es durch die unzähligen Verzweigungen des Unterbewußten einen starken Zusammenhang zwischen seiner Abneigung, Posaune zu spielen, und dem lauten und schrillen Spielen vor Frauen – was im Unbewußten für einen Orgasmus stehen konnte. Wenn er sagte „Ich möchte einen stärkeren Orgasmus haben", testete er stark. Ebenso, wenn er sagte: „Ellie hindert mich daran, einen stärkeren Orgasmus zu haben". Allmählich wurde das Problem deutlich. Er hatte das Gefühl, daß seine Frau ihn sexuell beherrschte und ihn daran hinderte, so starke Orgasmen zu haben, wie er es gerne gehabt hätte; die damit zusammenhängende Assoziation hinderte ihn daran, die Posaune so laut zu spielen, wie er es eigentlich wollte, – besonders vor weiblichen Zuhörern. Sein Spiel war gehemmt, und er hatte das Gefühl, daß die sexuelle Dominanz seiner Frau dies verursachte.

Als ich Bob testete, während er die auf ihn gerichtete Posaune anschaute, stellten wir fest, daß er stark testete, wenn sich der Dämpfer in der Posaune befand, daß er jedoch schwach wurde, wenn der Dämpfer herausgenommen wurde. Ich machte Aufnahmen, während er sehr laute, aggressive und schrille Stellen von Wagner spielte, wobei er dieselben Passagen einmal mit und einmal ohne Dämpfer spielte. Als wir die Aufnahmen wieder abspielten, testete er bei allen ohne Dämpfer gespielten Passagen schwach und stark, wenn der Dämpfer eingesetzt wurde. Wenn die Posaune tatsächlich mit seinem Sexualleben in Zusammenhang stand, so mußte offensichtlich eine Beziehung zwischen dem Dämpfer und einem Kondom bestehen. Genau das fand ich heraus. Bob erzählte mir, daß sie kurz nach ihrer Heirat begonnen hätten, Kondome zu benutzen. Hierfür gab es gesundheitliche Gründe – die Pille verursachte seiner Frau schwere Nebenwirkungen, und sie fürchteten sich auch vor den schädlichen Wirkungen spermizider Verhütungsmittel. Deshalb hatten sie während ihrer Ehe fast immer Kondome benutzt, was Bob als starke Einschränkung seiner Möglichkeiten empfand, das Sexualleben wirklich zu genießen, und ihn besonders daran hinderte, einen „starken Orgasmus" zu haben. Obwohl er sehr wohl erkannte, daß seine Frau wahrscheinlich recht hatte mit der Meinung, daß das beste Verhütungsmittel für sie das Kondom sei, gab er zu, daß tief in ihm Ärger darüber steckte, daß sie auf diese Weise Dominanz ausübte und folglich sein Sexualleben einschränkte. Von der Logik her akzeptierte er es, aber tief in ihm saß Ärger – Ärger über ihre sexuelle Dominanz, Ärger darüber, daß ihr Wille ihn bestimmte, obwohl es von der Logik und von der Liebe her vielleicht die beste Lösung war. Darüber war er wirklich verärgert – nicht darüber, daß sie physisch oben lag, wenn sie miteinander schliefen, sondern über ihre Entscheidung, seine Orgasmen einzuschränken. Und er zuckte mit den Schultern und sagte: „Alles was ich tun kann, ist warten, bis sie in die Wechseljahre kommt; dann werden ich zum ersten Mal schönen Sex mit ihr erleben, aber das ist noch lang hin."

Jetzt ergab das Problem wirklich einen Sinn. Ab der Hochzeit spielte er sein Instrument nicht mehr gern, da er daran gehindert wurde, es laut, schrill, aggressiv und phallisch zu spielen. (Welches Instrument könnte schon phallischer sein als eine Zugposaune?). Was ihn daran gehindert hatte, war der Ärger, den er seiner Frau gegenüber verspürte und der in seiner Sicht aus ihrer sexuellen Dominanz resultierte, die ihn wiederum daran hinderte, einen vollen Orgasmus zu haben. Er hätte seine sexuellen Hemmungen durch Posaunenspiel sublimieren können und es sogar besser, lauter, „orgasmischer" machen können. Er hätte sagen können: „Gut, wenn ich beim Sex keinen so starken Orgasmus haben kann, wie ich ihn gerne hätte, dann will ich einen noch größeren symbolischen Orgasmus haben, wenn ich Posaune spiele. Ich werde laut und aggressiv vor einem ausschließlich weiblichen Publikum spielen und es so wirklich ausleben." Daran hinderte ihn jedoch der Ärger über seine Frau, da er unbewußt befürchtete, seine Ehe würde zerbrechen, wenn er wirklich seine Aggressionen und seinen Ärger durch die Posaune ausdrükken würde. So wurde er, wie im Sexualleben durch das Kondom auch beim Spielen behindert – aus Angst vor seinem eigenen Ärger und dessen Konsequenzen. Folglich spielte er leiser als er eigentlich wollte – und mit einem Dämpfer.

Nach einer kurzen Therapiesitzung, in der wir uns mit diesem Problem beschäftigten, machten wir wieder Aufnahmen von ihm, wobei er jetzt vor einem imaginären weiblich Publikum so laut und aggressiv wie möglich spielte. Als er es sich anhörte, testete er stark. Er testete sogar stark als wir das Instrument mit einer Plastiktüte umhüllten! Später hat er mir geschrieben, er sei seitdem „stark" geblieben. Aus einigen Tonbändern, die er mir zugeschickt hat, erkenne ich, daß sein Spiel sich verändert hat und eine neue Tiefe und Persönlichkeit besitzt, da er jetzt mit viel mehr Liebe und viel weniger Hemmungen spielt. Er liebt seine Musik und er liebt seine Posaune. Folglich hat sich auch seine Ehe sehr verbessert.

Von allen Musikinstrumenten kommt die Posaune der menschlichen Sprache mit am nächsten. Und sie ist vielleicht stärker als jedes andere Instrument mit *Spucke* assoziiert. Wir haben gesehen, wie eng Bobs Problem mit seinem *Sperma* zu tun hatte. Es ist interessant, daß diese Wörter und viele andere von der hypothetischen indo-europäischen *sp*–Wurzel kommen.[2] Wir erkennen den Zusammenhang zwischen dem, was er durch den Trichter seiner Posaune hervorbringt, und dem Kondom, denn was er mit seiner *Sp*rache und seiner *Sp*ucke hervorbringt, ist symbolisch für sein *Sp*erma. Daher die noch engere Beziehung zwischen dem Kondom über seinem Penis und dem Dämpfer im „Horn" der Posaune.

Ich ließ Bob in die Trichter von Trompeten, Flügelhörnern, Tubas und anderen Blasinstrumenten schauen; er testete nicht schwach. Er sagte: „Das sind nicht meine Instrumente. Ich muß in die Trichter *meines Instruments* schauen." Das war der entscheidende Unterschied. Wiederum können wir den offensichtlichen sexuellen Zusammenhang erkennen.

Bobs Freund kannte Ellie schon seit langer Zeit, und ihm erschien sie alles andere als dominant. Bob stimmte bereitwillig zu, daß sie nicht dominant war, weder sexuell noch auf irgendeine andere Art. Doch in diesem einen Aspekt sah er sie unbewußt als dominant. Ich fragte ihn, wie er zu dieser Vorstellung gekommen sei. Da sagte er: „Meine Mutter ist so. Meine Eltern sind seit fast fünfzig Jahren verheiratet, und sie dominiert noch immer über meinen Vater. Hier wurde das Muster angelegt." Obwohl Ellie nicht in dies Muster paßte, hatte Bob seine Sicht von ihr so verändert, daß sie es tat. Er was das Muster, das seine Mutter in den frühen Jahren seines Lebens angelegt hatte und das bis jetzt gewirkt hatte – aber nicht länger.

1 Siehe „Die heilende Kraft der Emotionen" VAK, 1987
2 Siehe „An Introduction to Psycho-Etymology", in *Collected Papers of John Diamond,* M. D., Vol. II. S. 139–157.

Die Geburt einer Dirigentin

Heute abend hatte ich das Privileg, einer sehr besonderen Geburt beizuwohnen, der ersten öffentlichen Aufführung einer sehr energiestarken jungen Dirigentin. Das Konzert wurde von einer Gruppe von Amateur-Kammermusikern gegeben, alles junge Musikstudenten, die allein aus Liebe zur Musik spielen. Die junge Dirigentin ist keine zwanzig Jahre alt und spielt normalerweise Fagott im Ensemble. Der erste Teil ihres Programms wurde von dem regulären Dirigenten geleitet, einem Mann mittleren Alters von großer Kompetenz; und das Orchester spielte dementsprechend. Nach der Pause hatte dieses junge Mädchen Gelegenheit zu dirigieren. Es war ein kurzes Stück, Faurés Pavane. Als sie auf die Bühne ging, erschien sie sehr jung, verlegen, befangen und unsicher. Doch das änderte sich, sobald sie sich dem Orchester zuwandte. Sie schien groß, stark und mächtig und entwickelte eine unglaubliche Präsenz. Ich konnte die Energie und die gedämpfte Erwartung fühlen, fast berühren. Von ihrer ersten Geste an war alles Poesie und Schönheit. Da war keine Verlegenheit, keine Unsicherheit mehr. Sie wußte genau, was sie hervorbringen wollte, so klar hörte sie die Musik in sich. Sie war Fauré. Sie war die Pavane. Und ihre Gesten waren Tänze äußerster Schönheit, Einfachheit, Klarheit und Reinheit. Sie war nicht länger ein junges Mädchen, sondern die ewige Mutter.

Ich hatte das Gefühl, mich in ihre Arme kuscheln zu können, umgeben von der Liebe in ihrer Musik. Das Orchester antwortete ihr mit Liebe. Mit jeder Geste ihres gesamten Wesens gab sie ihnen Liebe und bat um nichts als um Liebe und Erwiderung. Sie war nicht um die Noten besorgt, ihr ging es nur darum, daß sie mit Liebe spielten. Ich kann noch heute den ersten Einsatz der Streichinstrumente hören. Ein Atem ging über uns von äußerster Reinheit, ein tief empfundenes Lied, der reine Atem des Lebens.

Das Orchester hatte ihre Liebe in Musik verwandelt, die ihr und uns zurückgegeben wurde. Ihre Seele öffnete sich, und sie gab ihre Musik der Welt. Es war eine einmalige und heilige Erfahrung. Wahre, reine Musik – von Herz zu Herz. Der Applaus des Publikums war, wie ich es selten gehört habe. Er kam ebenso von Herzen. Wir alle wußten, daß wir etwas sehr Besonderes erhalten hatten.

Dann überreichte ihr ein Mitglied des Orchesters einen Strauß Blumen. Nicht das übliche, teure, professionell zurechtgemachte Bouquet, sondern einen großen üppigen Strauß. Ich bin sicher, daß das Mädchen die Blumen selbst gepflückt und arrangiert hat. – Es war ein Zeichen der Liebe.

Danach sprach ich mit ihr. Sie war schüchtern und bescheiden, wußte anscheinend nicht um die tiefe Kraft in ihr. Ich weiß nicht, was aus ihr werden wird. Es ist nicht leicht, Dirigent zu werden, besonders als Frau, und ich weiß nicht, ob sie je weiter bekannt wird. Aus dem Wenigen, was ich gehört habe aber weiß ich, daß sie transzendente Kraft besitzt. Das Orchester wird aus dem Herzen spielen, aus Liebe zu ihr. Das ist Gottes Gabe an sie.

Die verborgene Gabe

Jim fühlt sich schon seit geraumer Zeit traurig und deprimiert, deshalb hat er mich konsultiert. Er sagt, es gäbe keinen wirklichen Sinn in seinem Leben und er habe zuweilen den Tod herbeigewünscht und sogar Selbstmord erwogen. Er sei sehr unzufrieden mit seiner Arbeit. Er wünscht sich eine bessere Anstellung, hat aber keine Vorstellung davon, was er tun könne. Er ist Junggeselle und fühlt sich sehr allein, wünscht sich jedoch verzweifelt, unter Leuten zu sein. Bisher hat er es noch nicht geschafft, einen geeigneten Lebenspartner zu finden. Da sitzt er nun mit seinen vierzig Jahren und vielen hypochondrischen Symptomen, fürchtet den Tod, wünscht ihn sich zugleich.

Das Muster ist sehr verbreitet. Die meisten Psychiater erleben solche Leute fast jeden Tag. Es gibt aber etwas Besonderes an Jim, etwas, das es mir erlaubt, mit einiger Sicherheit vorherzusagen, daß, wenn er sich selbst motivieren kann, seine Depression verschwinden und er ein neues Leben beginnen wird. Und zwar die Tatsache, daß Jim Musiker ist. Amateurmusiker zwar aber trotzdem sehr kompetent. Er sagt, er sei früher mit Leib und Seele Musiker gewesen, heute aber habe er schon seit einiger Zeit nicht mehr mit Herz gespielt. Und zu dem Zeitpunkt, als er, der Enthusiasmus, die Musik verließ, kam die Depression.

Er protestiert, er sei in Wirklichkeit kein Musiker. Sicher, er habe seit seiner frühen Kindheit ungezählte Stunden gespielt. Und er habe hie und da ein halb-professionelles Engagement gehabt. Er sieht sich aber als jemand der nur „aus Spaß" spielt. Sonderbarerweise erweist sich aber seine Musik als energiestark – und das trotz seiner Depressionen. Noch bedeutsamer: im Test zeigt sich, daß seine besondere Gabe die Musik ist. Er protestiert, die Musik sei nur ein Hobby, der Test aber zeigt, daß sie seine wahre Berufung ist. Obwohl er es nicht erkannte, ist seine Arbeit nur ein Weg zum Geldverdienen gewesen, um ansonsten seiner Musik nachgehen zu können. Ich weiß inzwischen, daß seine Begabung in der Musik liegt und wie sehr sie ihm helfen kann. Ich weiß, daß die Musik ihn von den Depressionen befreien wird, und auch er weiß es irgendwie. Ich bat, etwas zu spielen. Danach testete er stark und fühlte sich anders. Trotzdem schüttelte er den Kopf, überzeugt davon, daß er es einfach nicht tun wird. Er ist nicht bereit, sich der Musik voll hinzugeben. Er ist nicht bereit, von ihr geheilt zu werden, obwohl sie seine besondere Gabe ist.

Wenn wir es mit einem Menschen zu tun haben, der eine besondere Gabe hat und sie dem Test zufolge wider besseres Wissen nicht nutzen will, um z. B. wie in diesem Fall seine Depression zu heilen, liegt immer eine enorme unbewußte, gegen den Vater gerichtete Wut vor. Als ich das Jim sagte, erzählte er mir, er habe seinen Vater, einen Alkoholiker, der seine Mutter oft geschlagen und mißbraucht habe, immer gehaßt. Mit fünfzehn Jahren war er von zu Hause weggegangen, um seinem Vater aus dem Weg zu gehen. Obwohl sein Vater seit zwanzig Jahren tot ist, kann Jim ihm noch immer nicht vergeben. Er haßt ihn noch immer. Und dieser Haß und die Furcht, der Vater könne sich rächen (diese Gefühle sind da, obwohl dieser tot ist), falls er Erfolg haben und besser als sein Vater sein sollte, hindern ihn daran, sich auf seine Musik einzulassen und seine besondere Gabe zu nutzen.

Ich bat einen guten Freund von ihm, ihm energiestarke Musik vorzuspielen, während Jim in der Alexander-Position auf dem Boden lag.[1] Wir ermunterten ihn, seinem Vater zu vergeben. Ich argumentierte: „Dein Vater ist schließlich tot. Du verletzt deinen Vater nicht, indem du ihn weiterhin haßt. Nur du selbst leidest darunter." Zunächst atmete er unregelmäßig und schnappend. Nach einer Weile begann er zu weinen. Die Veränderungen waren schmerzhaft für ihn. Sein Körper krümmte sich. Dann entspannte sich sein ganzes Wesen. Ich ermunterte ihn, seinen Vater aus einer anderen Perspektive zu sehen, zu versuchen, dessen eigene Unsicherheiten zu verstehen, und ihm zu vergeben. Und nicht nur das, sondern sich auch der sympathischen, liebevollen Anteile des Vaters zu erinnern und sich einmal eher darauf zu konzentrieren. Die schlimmen Anteile loszulassen und auf den guten Eigenschaften und guten Erinnerungen aufzubauen. Schließlich erhob sich Jim. Er schien sanft und gelassen und atmete tief und gleichmäßig. Die Trauer und die Niedergeschlagenheit waren verschwunden. Er nahm sein Instrument, spielte und hieß seine besondere Gabe willkommen.

Jim weiß, daß Musik seine besondere Gabe ist, und er wird sie nutzen. Die Musik wird letztendlich seine Depression heilen. Sie wird ihm seinen neuen Lebensweg zeigen. Durch Musik wird er sich weiterentwickeln.

1 Siehe „Der Körper lügt nicht" S. 189

Die einsame Geigenspielerin

Die Geigerin Janice liebt Musik wirklich; deshalb bin ich auch nicht überrascht, daß sie stark testet, wenn sie sagt: „Ich liebe Beethoven“ oder „Ich liebe Bach“. Aber zu unserer beider Erstaunen testet sie schwach, wenn sie sagt: „Ich liebe Brahms“ Wie kann es dazu kommen? Janice hat sofort eine Erklärung: „Weil ich zur Zeit mit ihm kämpfe.“ Ich fragte, was sie mit „kämpfen“ meine, und sie antwortet: „Ich versuche gerade, die Erste Sonate für Violine und Klavier zu lernen, und es ist wirklich ein Kampf.“ „‚Kämpfen‘ ist in diesem Zusammenhang ein sonderbares Wort“, sagte ich. Darauf sie: „Es war nicht leicht. Es bereitet mir große Schwierigkeiten, Duette zu lernen. Bei Konzerten oder bei Stücken für größere Ensemble wie Streichquartetten und -quintetten, hatte ich diese Schwierigkeiten nicht, ebensowenig, wenn ich Solostücke lerne. Aber wenn ich versuche, meine Stimme eines Duetts zu lernen, ist es immer ein Kampf. So war es bei Beethoven, und jetzt ist es genauso bei Brahms.“ Nachdem sie eine Passage aus Brahms Erster Sonate für Violine und Klavier gespielt hatte, testete sie schwach, ebenso, wenn Sie nur daran dachte, sie zu spielen. Wenn sie aber von einem Pianisten begleitet wurde, testete sie stark. Das lag nicht an der Energie des Pianisten, denn die war schwach. Janice brauchte nur daran denken, daß jemand sie begleitete, schon testete sie stark. Ich erkannte, daß ihr Problem mit Einsamkeit zu tun hatte. Wenn sie die eine Hälfte eines Duetts spielte, fühlte sie sich einsam und wünschte sich, daß die andere Hälfte auch da wäre. Begeistert nickte sie und stimmte zu. Sie lächelte und sagte, sie fühle sich auch einsam, weil ihr Freund seit ungefähr drei Monaten weg sei.

Ich bat sie, die Sonate noch einmal zu spielen und dabei an die Klavierbegleitung zu denken. Das bereitete ihr große Schwierigkeiten, da sie den Violinpart nicht gut genug kannte, um die Klavierstimme im Geiste hinzufügen zu können. Allerdings sagte sie (und viele andere Musiker haben sich ebenso geäußert), wenn sie ein Stück gut kenne und eine Stimme daraus spiele, höre sie immer auch den Rest. Da sie das Stück nicht gut genug kannte, empfand sie weiterhin Streß. Ich schlug vor, sie solle sich stattdessen vorstellen, daß neben ihr ein zweiter Geiger dieselbe Stimme mitspielte, so daß sie also jemand anderes das spielen hörte, was sie gerade spielte. Das mag sich sonderbar anhören, fast schizophren, aber es funktionierte bei ihr sehr gut. Janice konnte sich nicht vorstellen, daß jemand anderes den Klavierpart spielte, weil sie das Stück nicht gut genug kannte, aber sie konnte sich vorstellen, daß jemand anderes den Violinpart mitspielte. So hat sie ihre Einsamkeit überwunden. Sie spielte nicht mehr allein, jemand anderes war bei ihr. Schließlich erfordert das Stück eine zweite Person. Es ist ein Duett und für zwei Personen komponiert; wenn man es allein spielt, fällt der fehlende Teil um so stärker auf.

Ich habe dasselbe Problem bei vielen Solisten festgestellt, wenn sie Duette spielen sollten – bei

Posaune, Trompete, Cello, Flöte etc., nicht aber beim Klavier. Das liegt wahrscheinlich daran, daß die Klavierstimmen gewöhnlich so vollklingend komponiert sind, daß sie viel unabhängiger sind und eher auf eigenen Füßen stehen als zum Beispiel Violinstimmen. Deshalb empfindet ein Pianist nicht dieselbe Einsamkeit wie unsere arme Geigerin. Beim Üben muß man sich also nicht nur das Publikum vergegenwärtigen, sondern auch den Begleiter.

Konzentration

Brian kommt einfach nicht zurecht. Vierundzwanzig Jahre alt, hochintelligent und vielseitig begabt, war doch seine einzige Beschäftigung bisher die eines Tankwarts gewesen. Er ist stark übergewichtig, kann sich aber an kein Diätprogramm halten.

Brian ist wirklich ein netter junger Mann, an dem fast keine unsympathischen Charakterzüge auffallen. Zwar hat es mit seinen Geschwistern Rivalitätsprobleme gegeben, und er mag sein Aussehen nicht. Doch er ist keineswegs mit Haß erfüllt. Er haßt sich selbst nicht einmal dafür, daß er bisher noch nicht erreicht hat, was er eigentlich erreichen könnte. Irgendwie kann er seine Energie nicht einmal so zusammenbringen, daß er ärgerlich wird.

Brian hat keine Vorstellung davon, wer er ist. Er scheint unfähig, sich zu konzentrieren. Weder kann er seine geistigen Fähigkeiten einsetzen, um durch Weiterbildung etwas zu erreichen, noch, um eine bessere Stelle zu bekommen.

Wenn er sagt „Ich möchte all meine Energien konzentrieren“, testet er schwach. Auf „Ich möchte all meine Energien verstreuen“, testet er stark.

Brians frühere therapeutische Programme hatten nachweislich nicht gewirkt. Grund dafür war unter anderem, daß er zwar den Wunsch verspürte, sich wohl zu fühlen, aber unfähig war, all seine Energien auf die Überwindung seiner spezifischen Probleme zu konzentrieren.

Nach Aussagen seiner Mutter hat Brian dieses Problem seit frühester Kindheit gehabt. Er kann sich nicht konzentrieren, hat wahrscheinlich nie all seine Aufmerksamkeit auf eine einzelne Aufgabe bündeln können. Er ist wohl fähig, sich zu engagieren, kann aber sein Engagement nicht konsequent auf ein Ziel richten. Die Religiosität beispielsweise ist zweifellos tief in ihm verwurzelt, doch er kann seinen Glauben nicht auf einen Punkt konzentrieren und ihn sinnvoll einsetzen. Er schafft es nicht, die Fäden straff in der Hand zu halten und sich auf die Aufgabe zu konzentrieren, einen Platz im Leben zu finden. Ihm fehlt die Fähigkeit, die Energiestrahlen seiner Sonne auf einen einzigen Punkt zu fokussieren und so sein inneres Feuer zu entfachen. Er ist zerstreut, unkonzentriert, diffus.

Wenn ich Brian bitte, sich mit den Augen auf einen Punkt zu konzentrieren (zum Beispiel auf den Kopf einer Stecknadel), testet er schwach. Wenn er die ganze Nadel anschaut, testet er stark, versucht er jedoch, sich visuell nur auf den Stecknadelkopf zu konzentrieren, bereitet es ihm Streß, und er testet schwach. Und *wie beim Sehen, so ist es auch in seinem Leben.* Dasselbe scheint für jeden einzelnen seiner Sinne zu gelten. Als er seine Aufmerksamkeit auf bestimmte leise Geräusche in meinem Büro lenken sollte, testete er schwach, ebenso als er sich auf die Stellen an seiner Haut konzentrieren sollte, die ich gerade berührte. Dasselbe gilt für motorischen Output, nicht nur für sensorischen Input. Ich bat ihn zum Beispiel, all seine Energie auf seine Fingerspitzen zu konzentrieren; und er testete schwach.

Brian trägt eine Brille und hat sein ganzes Leben lang unter starken visuellen Störungen gelitten, einschließlich Legasthenie. Sobald er versucht, seine Augen scharf einzustellen, entsteht Streß, und er kann nicht scharf sehen. In seinen Nackenmuskeln kann ich Anspannung fühlen, wenn er versucht, die Augen auf einen bestimmten Punkt einzustellen. Auch viele andere Muskeln spannt er an bei dem Versuch, seine Augen zu fokussieren. Darin lag ein wichtiger Hinweis für seine Behandlung. Mit Hilfe des „Diamond-Twists"[1] konnte er die Nackenmuskeln entspannen und war daraufhin fähig, sich auf die Nadel zu konzentrieren und stark zu testen. Auch testete er nun stark, wenn er sagte „Ich möchte all meine Energien konzentrieren" und schwach bei der Aussage „Ich möchte all meine Energien verstreuen". Im Gespräch konnten wir uns jetzt auf bestimmte Problembereiche konzentrieren. Er sagte, er habe das Gefühl, seine Gedanken seien klarer und sein Denken schärfer geworden. Auf jeden Fall war seine Konzentration besser. Ich empfahl ihm auch, wegen seiner Augenakkomodationsprobleme einen Sehlehrer[2] zu konsultieren, denn ich bin überzeugt, wenn er lernt, seine Augen besser scharf zu stellen, wird er sich auch im Denken und im Leben besser konzentrieren können.

Es gibt viele andere Möglichkeiten, Brian zu helfen. Ich machte ihn darauf aufmerksam, daß er die Knie im Stehen durchdrückte. Er widersetzte sich der Schwerkraft, floß nicht mit ihr. In seiner Körperhaltung spiegelten sich seine unbewußten Einstellungen. Ich empfahl ihm, die Knie „zu öffnen“ und die Beine zu entspannen; dadurch verbesserte sich sein Energieniveau.

Dies führt mich zu einem verwandten Problem, das ich bei fast allen Menschen mit Konzentrationsproblemen festgestellt habe. Sie neigen dazu, nicht richtig auf ihren Füßen zu stehen, lehnen sich zurück auf die Fersen. In dieser Körperhaltung testete Brian schwach, wenn er zum Beispiel die Aufmerksamkeit auf den Kopf einer Nadel lenken sollte. Wenn er jedoch dabei das Gewicht nach vorn auf die Zehen verlagerte, testete er stark. Diese Angewohnheit hat sich über die Jahre entwickelt. Brian war psychisch und physisch „zurückgelehnt“ – zurückhaltend. Er stand nicht auf eigenen Füßen, war nicht bereit, vorwärts zu schreiten, nicht bereit, die Welt zu treffen. Er ließ die Welt zu sich kommen.

Eine Übung, die sich in diesen Fällen als sehr wertvoll herausgestellt hat, besteht darin, die Zehen zu beugen. Ich empfahl Brian, mit kleinen Gegenständen wie Murmeln zu arbeiten, sie mit den Zehen aufzuheben.

Viele Leute haben Schwierigkeiten mit der Konzentration. Ich habe zum Beispiel oft miterlebt, wie Norm, ein Musiker, Tuba spielt, und ich habe bei einigen Gelegenheiten Aufnahmen gemacht. Jedes Mal höre ich dasselbe Problem in seinem Spiel. Der Ton scheint zu zerfließen, hat keinen Brennpunkt, ist nicht zielgerichtet. Das ist kein

Problem der Technik, denn technisch ist Norm sehr geschickt, vielmehr ein Persönlichkeitsproblem. Norm ist körperlich groß, aber nicht seine Größe ist das Entscheidende, sondern „sein zurücklehnen". Auch wenn er seinen Körper nach vorn lehnt, bei höheren Noten scheint er noch immer zurückgelehnt auf seinem Stuhl zu sitzen.

So ist Norm auch im Leben. Er nimmt alles, wie es kommt. Es fehlen ihm konzentrierter Elan, Ambitionen. Norm gibt das zu: „Ich möchte nicht anders sein. Ich möchte keinen Herzinfarkt bekommen. Ich möchte mich nicht zu sehr antreiben in der Welt." Es ist nicht leicht, Argumente gegen diesen Standpunkt vorzubringen, doch Norm tendiert zu stark in die andere Richtung, er ist zu „zurückgelehnt". Er sucht nicht aktiv nach Arbeit, hat keine klaren Lebensziele. Irgendwo zwischen den beiden Extremen gibt es eine glückliche Mitte. Wir wollen nicht zu dreist, zu fordernd oder antreibend sein, auf der anderen Seite aber auch nicht zu „zurückgelehnt", denn das bedeutet, daß jemand anderes sich für uns anstrengen muß. Norm lebt weitergehend auf Kosten seiner Familie. Wenn sich eine neue Arbeitsmöglichkeit bietet, bewirbt er sich nur halbherzig.

So verhält es sich auch mit seiner Musik. Er übt, aber er weiß, daß er nie genug übt. Ihm fehlt der Ehrgeiz, wirklich gut zu spielen, der Ehrgeiz, der ihn motivieren würde, so viel zu üben wie er eigentlich sollte. Ich höre den fehlenden Brennpunkt in seinem Spiel, diesen Mangel an äußerster Konzentration, diese Eigenschaft des Zurückgelehnt-

Seins. Ich habe versucht, das Norm mit einem Beispiel zu veranschaulichen: Wenn man einem großen Felsbrocken einen Stoß gibt und seinen Schwerpunkt verlagert, rollt er von allein den Hang hinunter. In Norms Spiel scheint der Schwerpunkt immer ein wenig zu weit hinten zu liegen. Anders als bei dem Stein, der einmal angestoßen, frei dahinrollt. Er reitet nicht auf dem Kamm der musikalischen Welle, wird nicht leicht weitergetragen, bewegt sich nicht mit der Welle. Er neigt dazu, am Rücken der Welle abzurutschen, da es Anstrengung erfordert, sich oben drauf zu halten. Er ist nie ganz da, scheint immer etwas hinterherzuhängen.

Die Dirigenten, mit denen er arbeitet, und auch seine Freunde nennen ihn faul. Er ist aber nicht faul. Er wendet ein hohes Maß an Energie auf und arbeitet hart; sein Schwerpunkt jedoch hängt ständig zurück. Er ist unkonzentriert, nicht fokussiert. Ein weiteres Beispiel für die Unfähigkeit, alle Energien auf einen Punkt zu konzentrieren, etwas im Leben zu erreichen. Nicht andere beiseite zu schieben und die Welt nach unserem Gutdünken zu beherrschen, sondern kraftvoll das zu tun, was wir für das Beste halten. Es handelt sich hier um den Drang, sich zu entwickeln, den Drang zu reifen, den Drang, wirklich zu leben, den Drang, gesund zu sein, und in Norms Fall um den Drang, Musik gut zu spielen, genauer noch, jede Passage gut zu spielen. Was fehlt, ist der Brennpunkt, die Intensität, das Zusammenbringen von Liebe und Leidenschaft auf einen konzentrierten Punkt. Der

Brennpunkt muß erst im Geiste vorhanden sein und dann nach außen projeziert werden.

Ich habe Norm gezeigt, daß sein Spiel konzentrierter klingt, wenn er auf einem höheren Stuhl sitzt, und daß er dabei im Test eine hohe Lebensenergie aufweist, weil er seinen Körper nach vorn bringen muß. Und ich habe ihm gezeigt, daß im Stehen sein Spiel mehr „Kern“ bekommt und seine Musik energiestärker wird. Als er das erste Mal im Stehen spielte, stellten wir fest, daß seine Knie durchgedrückt, „verschlossen“ waren, wie Brians Knie. Er widersetzte sich der Schwerkraft, anstatt mit ihr zu fließen. Wir legten ihm nahe, die Knie zu „öffnen“ und die Beine zu entspannen und sein Energieniveau erhöhte sich.

Einige Instrumente lassen sich leichter mit „Kern“ spielen als andere. Flöte und Trompete zum Beispiel. Andere unterstützen die Neigung, sich zurückzulehnen, besonders die Instrumente im niedrigen Register wie Kontrabass, Tuba, Bassposaune etc. Dies soll nicht besagen, daß die Musiker in jedem Fall dieser Tendenz nachgeben, sie ist jedoch da. Oft ist das einer der Gründe für die Wahl des Instruments. Jemand, der Flöte spielt, besonders Piccoloflöte, möchte ganz oben sein an der Zungenspitze, auf den Zehenspitzen. Wir können uns keinen „zurückgelehnten“ Piccoloflötenspieler vorstellen, dafür aber leicht einen „zurückgelehnten“ Tubaspieler wie Norm. Jedes Instrument hat seine charakteristischen Merkmale und zieht bestimmte Menschen an, die zunächst verschieden erscheinen mögen, oft aber gemeinsame Züge aufweisen.

Unabhängig davon, welches Instrument man spielt, ist es wichtig, daß die Musik einen klaren Kern, einen Brennpunkt hat. Sonst ist die kommunikative Energie vergeudet. Ein Musiker mit Kern ist auch ein Mensch mit Kern. Wiederum: wie im Leben, so auch in der Musik.

1 Siehe Tabelle Nr. 2, IELEC
2 Vgl. Janet Goodrich, Natürlich besser sehen, VAK

Liebe statt Superstars

Da sich die politische Situation zu verschlechtern scheint, fragen immer mehr Menschen: „Was stimmt mit dem politischen Prozeß nicht? Die Leute, die uns am besten regieren würden, schaffen es nicht, gewählt zu werden." Gerade der Prozeß, der eine Person „wählbar" machen könnte, macht sie vielleicht ungeeignet für Regierungsaufgaben. Im Zeitalter des Fernsehens und der Meinungsumfragen ist es viel wahrscheinlicher, daß ein Politiker aufgrund seiner Ausstrahlung im Fernsehen gewählt wird als aufgrund seiner Sachkenntnis, Ehrlichkeit oder seiner Liebe für die Menschheit.

Ist es nicht in der Musik genauso? Es muß einen Grund geben, daß so wenige bedeutende Solisten und Dirigenten über eine starke Lebensenergie verfügen. Umgekehrt findet man viele höchst kompetente, technisch hervorragende Musiker, die eine starke Lebensenergie aufweisen, aber in Kleinstädten und kleineren Orchestern verkümmern, ohne ihr Potential auszuschöpfen. Ob vielleicht gerade die Eigenschaften, die es jemandem ermöglichen, ganz nach oben zu gelangen, die Fähigkeit, eine hohe Lebensenergie hervorzubringen, ausschließen?

Um energiestark zu sein, muß ein Musiker die Fähigkeit besitzen, sein Ego aus der Erfahrung des Musizierens herauszunehmen, sich völlig dem Puls des Komponisten zu unterwerfen. Genau die entgegengesetzte Qualität ist vonnöten, um zum Beispiel Dirigent eines bedeutenden Orchesters zu werden. Dies erfordert persönlichen Ehrgeiz und äußersten Egoismus. Das Ego muß kämpfen, sich durchsetzen. Das verträgt sich nicht mit Nächstenliebe, nur mit Selbst-Förderung auf Kosten anderer. So ist es in jedem Industrieunternehmen, und professionelles Musizieren ist heute meist im wesentlichen eine unternehmerische Aktivität. Wie soll ein Musiker erst sein Ego einsetzen, um es bis zu einem Konzert in der Carnegie Hall zu bringen, und dann beim Konzert sein Ego aus dem Musizieren heraushalten? Die beiden Ziele schließen einander aus. Deshalb gelangen die stillen, bescheidenen, vom Ego gelösten, energiestarken Musiker, die von Liebe für die Musik und den Komponisten erfüllt sind, nicht in der Carnegie Hall. Mit einigen ruhmreichen Ausnahmen, gelangt dorthin nur der ego-zentrierte, gestreßte, energieschwache Musiker, der sich ständig angetrieben und verkauft hat. Ein Musiker kann nicht beides sein. Er kann nicht gleichzeitig sein eigener cleverer Manager sein und sich demütig dem Komponisten unterordnen. Dasselbe „Ich, ich, ich, ich", das zur Carnegie Hall führt, zerstört die grundlegende Eigenschaft der Musik. Die Technik wird natürlich da sein, aber nicht die Liebe.

Dieses Problem wird mit Zunahme von Fernsehaufführungen und der wachsenden Verbreitung von Videocassetten von Konzerten eskalieren. Der Musik zuzuhören wird weniger wichtig als dem Aufführenden zuzuschauen. Das Ego wird stärker miteinbezogen. „Wie sehe ich aus? Zeigt die Kamera meine Schokoladenseite?"

Schließlich werden die Musiker den Weg der Politiker gehen. Man wird sie nach ihrer „Telegenität" aussuchen, und sie werden keinem höheren Ziel als dem der Popularitätsumfragen dienen.

Die wahre Rolle des Begleiters

Sarah ist gerade von einem Violinwettbewerb zurückgekehrt. Wir haben die Bandaufnahmen getestet, die von ihr während des Festivals gemacht wurden, und festgestellt, daß ihr solistisches Spiel ohne Begleitung viel weniger Lebensenergie aufwies als sonst bei ihr üblich. Hier zeigte sich, wie stark der Streß während des Wettbewerbs für sie war; das war aus verschiedenen Gründen zu erwarten, nicht zuletzt, weil es ihr erster Wettbewerb war. Sarahs abschließende Darbietung wurde vom Orchester begleitet, und auch hier war sie, wie erwartet, sehr energieschwach. Aber auch der Dirigent war schwach. Das Werk hatte eine lange orchestrale Einleitung. Beim Hören und Testen der Musik stellten wir fest, daß es keinen Puls gab. Das Energieniveau des Orchesters war sehr niedrig, und als Sarah einsetzte, konnte sie keine Energie hinzufügen. Die Aufführung war von Streß beladen und leblos.

Die Konzerte jedoch, bei denen sie von einem ihr befreundeten Pianisten begleitet wurde, waren sehr energiestark. Sie atmete anders, ihr Spiel pulsierte, hatte Rhythmus und Fluß, Eigenschaften, die auf den Wettbewerbsaufnahmen fehlten. Ihr Spiel war hier Ausdruck ihres vollen Potentials, das sie mit Hilfe des Pianisten erreichte. Diese wahre, liebende Rolle des Begleiters konnte der Wettbewerbsdirigent nicht erreichen. Sarahs Spiel an jenem Abend war phantastisch. Aufgrund jenes überragenden Konzerts war sie für die Endausscheidung ausgewählt worden.

Während ich den energiestarken Aufnahmen von Sarah zuhörte, wurde ich an Gerald Moore erinnert, einen sehr energiestarken Pianisten, und unter den Klavierbegleitern wohl der stärkste von allen. Von 1928 bis in die siebziger Jahre hat er zahlreiche Schallplatten eingespielt, von denen ich viele getestet habe. Viele große Sänger, die sich mit anderen Begleitern als gestreßt erweisen, sind mit Gerald Moore energiestark. Viele berühmte Liedinterpreten von gestern und heute werden ewig in Gerald Moores Schuld stehen. Nur wenn sie mit ihm spielten, waren sie energiestark, war ihr Singen streßfrei, Atmung und Puls frei, fließend und in Übereinstimmung mit dem Komponisten. Aus Dutzenden von Sängern brachte er das Beste zutage. Er war die wirkliche Größe hinter ihnen. Er war ihr Freund, ihr Trost, ihre Mutter. Er verstand die wahre Rolle des Begleiters.

Kamera-Bewußtsein

Der alte Bühnentechniker verstand zwar nicht sonderlich viel von Musik, dafür aber um so mehr von den Musikern. Seit fast vierzig Jahren arbeitete er hinter den Kulissen einer der größten Konzertsäle Amerikas. Viele, viele Künstler hatte er kommen und gehen sehen. Als er mir von der Wirkung des Fernsehens auf Dirigenten erzählte, zeigt er mir auf der Bühne eine Reihe von Markierungen für Kamerapositionen. Jeder Dirigent hatte eine bestimmte markierte Position für die Kamera, die sein Gesicht beim Dirigieren aufnahm. Einige bevorzugten die linke, andere die rechte Seite; wie ein Filmstar hatte jeder seine gute Kameraseite. Manche Dirigenten machten sich keine Gedanken darüber, für die meisten aber sei es sehr wichtig, wie sie vor der Kamera aussähen. Einige Dirigenten, erzählte er, verhielten sich an den Abenden, an denen Fernsehkameras anwesend waren, völlig anders. Die seien plötzlich wie verwandelt, viel energischer, lebhafter und demonstrativer. „Und," so kommentierte er, „wenn die Lampe an der Kamera nicht brennt, schalten sie sich auch ab."

Dann erzählte der alte Techniker von einem überaus bekannten Dirigenten, der hinter der Bühne ein besonderes Loch bohren ließ, durch das die Kamera sein Gesicht aus dem optimalen Winkel aufnehmen konnte. Bei vielen anderen Dirigenten wurden die roten Anzeigelampen der Kameras nicht benutzt – dieser Dirigent jedoch bestand darauf, daß sie eingeschaltet waren. „Sie hätten den

Unterschied miterleben sollen, wenn das rote Licht anging. Während er dirigierte, schaute er die ganze Zeit auf das Lämpchen und wartete darauf, daß es aufleuchtete. Wenn es anging, dirigierte er wie verrückt. Sobald es ausging, wurde er wieder langsamer. Wenn die Lampe an war, war sein Gesicht in Grimassen verzerrt, wenn die Lampe aber aus war, bewegte es sich fast nicht. Ja, das Fernsehen hat für die Dirigenten vieles geändert."

Wenn einer für das rote Lämpchen spielt, steht nicht das Ego im Dienst der Musik. Die Musik steht im Dienst des Ego und daran ist das Fernsehen mit schuld. Was meinen Sie: ob dieser Dirigent im Privatleben weniger eitel wäre?

Die Betonung jeder einzelnen Note

Meiner lieben Freundin, der Bratschistin Janet Simons gewidmet

Vielleicht höre ich nie intensiver Musik als wenn ich Aufnahmen mache. Vor einiger Zeit habe ich innerhalb von wenigen Tagen Aufnahmen mit zwei verschiedenen Musikern gemacht, die dieselbe Musik spielten, Bach-Suiten ohne Begleitung. Ich kenne und bewundere beide schon seit einiger Zeit. Beide sind energiestark, doch gab es einen deutlichen Unterschied in ihrem Spiel. Die eine von ihnen schien jede Note ernst zu nehmen. Sie verlieh jeder Note eine enorme Bedeutung. Jede einzelne Note hatte ihr eigenes Leben. Dies vermittelte mir ein Gefühl von intensivster Arbeit und Aktivität – nicht Hektik, nicht Aufregung – sondern ein Gefühl tiefer Hingabe an die Aufgabe, alle Möglichkeiten jeder einzelnen Note ans Licht zu bringen. Der andere Musiker war auch energiestark, doch sein Spiel war anders. Es schien, als ob er sich nur mit jeder fünften Note intensiv beschäftigte, die vier Noten dazwischen gingen einfach so vorbei. Der Unterschied zwischen diesen beiden Künstlern lag nicht in ihrer technischen Fertigkeit, nicht in ihrer Erfahrung, es war der Unterschied, den allein äußerste Hingabe bewirken kann. Sie ließ mich das volle Potential jeder Note fühlen, und die individuelle Bewegung und Geste, die den Komponisten vorschwebten, als er sie schrieb. Aus ihrem Spiel war zu erkennen, daß jede Note bedeutend war. Keine Note war überflüssig oder nicht notwendig, keine ging einfach an meinen Ohren vorbei.

Während ich mir diese Aufnahmen anhörte, habe ich an den Unterschied zwischen Paul Scofield, wenn er Shakespeare rezitiert, und den meisten anderen Schauspielern gedacht. Bei Shakespeare gibt es keine überflüssigen Worte. Jedes Wort ist voller Stärke und Kraft. Es gibt keine Verschwendung, kein Füllwerk, nichts Überflüssiges. Alles ist Bewegung und Geste. Jedes Wort ist aus einem bestimmten Grund da und muß die Aufmerksamkeit erhalten, die es verdient. Jedes Wort ist auf das vollkommenste ausgearbeitet. Kann es einen bedeutungsvolleren Satz geben als „Sein oder nicht sein"? Bei Scofield kommt jedes Wort vollständig zu dem ihm zustehenden Ausdruck.

Seit meiner Erfahrung mit dieser Aufnahme habe ich vielen anderen Künstlern intensiv zugehört, sowohl in Aufnahmen als auch live. Ich weiß jetzt, auf was ich achten muß, aber ich höre es nur selten. Oft klingt eine Phrase so, als ob die meisten Noten in ihr eigentlich gar keine Bedeutung hätten. Auf der anderen Seite lassen uns die wirklich großen Musiker erkennen, daß jede Note ihren Sinn hat. Es gibt nichts überflüssiges. Alles ist von großem Wert. Das erkennen sie und bringen das volle Potential in jeder Note heraus.

Der selbstsüchtige Kritiker

Ich hörte gerade eine Aufnahme, die nach meiner Meinung eine der großartigsten ist, die produziert wurden. Dabei war ein Musiker, der auch Kritiken schreibt. Plötzlich wurde ich gewahr, daß irgend etwas begann, die Musik zu stören. Ich konnte spüren, wie etwas sehr Eigenartiges von ihm ausging, deshalb achtete ich im folgenden auf meinen Freund und seine Reaktion auf die Musik. Dabei konzentrierte ich mich auch auf die Gefühle, die zu mir von ihm herüberkamen, nicht von der Musik. Ich erkannte, daß ich mich langsam angespannt und auf sonderbare Art verärgert fühlte, etwa so, wie wenn ich einen gestörten, verärgerten Schizophrenen zu behandeln habe. Mein Freund war nicht schizophren, doch die Musik provozierte etwas Ähnliches in ihm.

Ich schaltete die Musik ab und begann, ihn zu testen. Es zeigte sich, daß er sich nicht im Einklang mit der Außenwelt befand, eines der bezeichnendsten Symptome bei geistig gestörten Leuten. Noch nie zuvor hatte ein Test das bei ihm ergeben. Etwas später testete ich ihn erneut. Die Störung war vorbei. Dann legte ich die Platte wieder auf, und das Problem kehrte zurück. Das gleiche geschah bei jeder Platte, die ich ihm vorspielte, außer bei einer. Ich weiß, daß diese Musik eigentlich die entgegengesetzte Wirkung haben sollte. Normalerweise bringt sie durch ihre große therapeutische Kraft Schizophrene wieder in Einklang mit der Welt. Bei meinem Freund war es gerade andersherum.

Die Erklärung liegt in der einen Aufnahme, die nicht diesen Effekt auf ihn ausübte. Es war eine Platte, auf der er selbst spielte.

Jetzt verstand ich das Problem. Um meine Annahme zu bestätigen, ließ ich ihn sagen: „Ich mag Musik im allgemeinen", und er testete schwach. Wenn er aber sagte: „Ich mag *meine* Musik", testete er stark. Dieser Mann war offensichtlich so selbstsüchtig mit seinem eigenen Werk beschäftigt, daß er unbewußt äußerst wütend und negativ wurde, wenn er Musik von anderen hörte. Wie konnte er Kritiker sein? Kritik muß auf Liebe und Selbstlosigkeit basieren. Ein Kritiker muß sich im Einklang mit der Welt befinden, sonst hat seine Meinung keine Bedeutung für die Wirklichkeit.

Es stellte sich mir die Frage, ob das Phänomen, das ich bei ihm festgestellt hatte, selten oder gängig ist. Ich dachte an die Tausende Musik- und Schallplattenkritiken, die ich über die Jahre gelesen habe, die alle das wesentliche verfehlt zu haben schienen. Vielleicht waren einige jener Kritiker wie mein Freund.

Ich erinnerte mich, wie Strawinsky vor ungefähr zwanzig Jahren auf Tournee in Australien war, ein Höhepunkt in der Musikgeschichte des Landes. Er war zweifellos der bedeutendste Komponist, der je Australien besucht hatte. Es kam nicht darauf an, was man von seiner Musik hielt. Hier hatte man Gelegenheit, den wohl berühmtesten lebenden Komponisten seine eigene Musik dirigieren zu hören und zu sehen; das erste und wahrscheinlich das einzige Mal, daß die meisten von uns ihn persönlich hören und sehen würden. Das Konzert, das er in Melbourne gab, war natürlich vollständig ausverkauft. Ich kaufte meine Karten unmittelbar nach Vorverkaufsbeginn und bekam einen der besten Plätze. Direkt vor mir saß der wichtigste Musikkritiker der Stadt, ein Mann, der auch ein sehr bekannter Komponist ist. Ich traute meinen Augen nicht. Während des größten Teils des Konzertes plauderte er mit seinem Nachbarn, schien der Musik überhaupt keine Beachtung zu schenken und störte uns beim Zuhören. Während des letzten Stückes ging er geräuschvoll. Seine Kritik in der Zeitung des nächsten Tages war alles andere als wohlgesonnen. Keine Würdigung der Bedeutung des Ereignisses, keine Dankbarkeit, daß er diese eine Möglichkeit gehabt hatte, Strawinsky sein eigenes Werk dirigieren zu hören. Und natürlich keinerlei Liebe für die Musik. Am verblüffendsten war seine Kritik über das Stück „Der Kuß der Fee", er schrieb, es habe sich mehr nach Tschaikowsky als nach Strawinsky angehört. Der Kritiker kannte nicht nur das Werk nicht, sondern hatte auch versäumt, das Programm zu lesen, sonst hätte er gewußt, daß Strawinsky dieses Stück absichtlich im Stil von Tschaikowsky komponiert hatte.

Ein selbstsüchtiger Kritiker? Ja. Und er ist sicher nicht der einzige.

Nach Strawinskys Tod schrieb Desmond Shawe-Taylor, vielleicht der größte Musikkritiker seiner Zeit, etwa folgendes: In der Vergangenheit hätte er Strawinskys Musik sehr geliebt, doch in letzter Zeit habe er sie durchschaut und ihre Fehler und Grenzen erkannt. Ich glaube, er gebrauchte das Wort „Abstand“, um seine gegenwärtige Einstellung gegenüber Strawinskys Musik zu beschreiben. Dies drückt es richtig aus. Abstand entsteht aus Liebe. Im Zustand der Liebe sind wir gebunden, dann aber treten wir etwas zurück, um klarer sehen zu können. Darin besteht die Aufgabe des Kritikers, so wie die Aufgabe des Arztes oder in vielfältiger Weise die Aufgabe eines jeden von uns im Leben ist – zutiefst zu lieben, bei Bedarf jedoch ein wenig zurückzutreten. Das Engagement sollte nicht soweit gehen, daß unser Urteil beeinträchtigt wird.

Eliot hat es sehr schön in *Four Quartets*[1] ausgedrückt:

> Es gibt drei Zustände, die sich oft sehr ähnlich sehen
> Und doch vollkommen verschieden sind, obwohl sie in derselben Hecke blühen:
> Bindungen an sich selbst, an Dinge und Menschen, Abstand
> Zu sich selbst, zu den Dingen und zu anderen,
> und, dazwischen wachsend, die Gleichgültigkeit
> Die den anderen gleicht so wie der Tod dem Leben gleicht.

Ein selbstsüchtiger Kritker ist gleichgültig, entscheidet sich dafür, nicht zu lieben. Der Unterschied zwischen Abstand und Gleichgültigkeit ist der zwischen Liebe und Haß. Ich glaube, wir haben das Recht, von unseren Kritikern Liebe zu erwarten.

1 T. S. Eliot, The Complete Poems and Plays, 1909–1950 (New York: Harcourt, Brace & World, Inc. 1952) S. 142:

There are three conditions which often look alike
Yet differ completely, flourish in the same hedgerow:
Attachment to self and to things and to persons, detachment
From self and from things and from persons; and, growing between them, indifference
Which resembles the others as death resembles life.

Einige psychologische Einflüsse bei öffentlichen Auftritten

Ich war bei der Generalprobe für ein Konzert, das Alan geben wollte, anwesend. Es war von großer Bedeutung für ihn, da es das erste nach dem Tod seiner Mutter war. Er hatte eine sehr enge Bindung zu ihr gehabt und war tief betroffen von ihrem Dahingehen. In den meisten Stücken, die er spielte, war das nicht zu erkennen, doch als er zwei Stücke von Brahms spielte, hatte er beträchtliche Schwierigkeiten. Ich hatte ihn diese Stücke viele Male zuvor spielen hören und wußte, wie sehr er sie mag – sie gehören zu seinen Lieblingsstücken –, aber an diesem Tag lief nichts richtig. Das erste Stück, mit dem er Schwierigkeiten hatte, war die Rhapsodie, Op. 79, Nr. 1. Nach einer Reihe von verpatzten Anfängen drehte er sich verstört zu mir um und sagte: „Ich kann das nicht verstehen. Dies ist eines meiner zuverlässigsten Stücke, und jetzt läßt es mich im Stich!"

Obwohl es ihm damals nicht klar war, war es für mich offenbar, daß es sich hier um eine Reaktion auf den Tod seiner Mutter handelte. Mutter und Sohn hatten eine starke emotionale Bindung, und sie war in seine Musik hineingewoben. Sie war immer „zuverlässig" gewesen, und jetzt hatte sie ihn durch ihren Tod im Stich gelassen. Je mehr ich die Rhapsodie untersuchte, desto besser verstand ich die unbewußten Verbindungen, die sie in Alan auslöste, und desto offensichtlicher wurde es, daß er gerade mit diesem Stück Schwierigkeiten haben mußte.

Alan beschäftigt sich seit vielen Jahren mit Brahms, hat auch eine Reihe von Vorlesungen über ihn gehalten, über sein Leben und über seine Musik. Somit darf man annehmen, daß ein Großteil des Folgenden Alan damals bekannt war, wenn auch vielleicht nur unbewußt. Es beeinflußte ihn und seine Fähigkeit, gerade dieses Stück in diesen Wochen zu spielen.

Ich glaube, Alans Problem mit der Rhapsodie hängt mit deren Widmung zusammen. Die zwei wichtigsten und dauerhaftesten Beziehungen zu Frauen in Brahms Erwachsenenleben waren die zu Clara Schumann und zu Elisabeth von Herzogenberg, geb. Stockhausen. Elisabeth war im Alter von sechzehn Jahren kurze Zeit seine Klavierschülerin. Gal schreibt: „Es scheint, daß er den Unterricht nicht weiter fortsetzte, als er erkannte, daß er Gefahr lief, sich Hals über Kopf in das begabte Mädchen zu verlieben, das für sein Alter sowohl intellektuell als auch musikalisch sehr reif war.“[1] Ungefähr zehn Jahre später, 1874, traf er seine schöne Ex-Schülerin Elisabeth von Stockhausen wieder, jetzt Frau von Herzogenberg, die, wie ihr Mann (der geschätzte Komponist und Leiter des Bachvereins) ein leidenschaftlicher Bewunderer seiner Werke war. Elisabeth war lieblicher als je zuvor. Ihre außergewöhnliche musikalische Begabung hatte sich ausgezeichnet entwickelt: sie war eine hervorragende Klavierspielerin, hatte eine bemerkenswerte Auffassungsgabe und ein sehr gutes musikalisches Gedächtnis. Jetzt, da Elisabeth die Frau eines anderen Mannes war, verschwanden Brahms früheren Beklemmungen, und es überrascht nicht, daß er sich in ihrer Gesellschaft äußerst glücklich fühlte. Er war „so wohlwollend, milde und liebenswürdig geworden, daß der alte Brahms kaum wiederzuerkennen war," schrieb Elisabeth an Bertha Faber. Nach seinem Weggang aus Leipzig entwikkelte sich allmählich eine Korrespondenz mit seinen Freunden, und als er drei Jahre später zurückkehrte, war es fast eine Selbstverständlichkeit, daß er bei Herzogenbergs wohnte. Jetzt erfuhr er, daß die schlanke Frau in blauem Samt mit dem goldenen Haar eine bewundernswerte und aufmerksame Gastgeberin war, und bei seiner Rückkehr in sein Junggesellenquartier entfuhr ihm die Klage: „Es war so schön mit dir: ich fühle es noch heute als eine angenehme Wärme, und ich würde es gern in ein Kästchen tun und einschließen, um es so für lange Zeit zu erhalten." Brahms verbrachte viele solch fröhliche und angenehme Stunden mit den Herzogenbergs, und wenige Leute trugen mehr zum Glück des einsamen und reservierten Meisters bei als die liebliche und verständnisvolle ‚Liesel'.[2]

Sie „war die faszinierendste und bezauberndste unter den Frauen, die in Brahms Leben eine Rolle gespielt haben, und die einzige, der er sich durch ein Band wahrer, dauerhafter Freundschaft verbunden fühlte."[3] Die Beziehung hielt bis zu ihrem Tod an. Es ist die Vermutung geäußert worden, daß sie die Inspiration „des großen ‚Liederfrühlings' von 1877 war, als er in ein paar Wochen nicht weniger als 18 Lieder aus Op. 69–72 komponierte.[4] Für Brahms war anscheinend zuweilen ihre Meinung sehr ausschlaggebend, auf ihren Rat zog er sogar die Veröffentlichung bestimmter Lieder zurück. Ihre Komentare waren typischerweise begeisternd und positiv. Nachdem sie die Vierte Symphonie zum ersten Mal gehört hatte, schrieb sie folgendes über das Andante: „Es ist von Anfang bis Ende ganz Melodie, und es wird immer schöner, je weiter man eindringt. Es ist, als wenn man bei Sonnenuntergang durch eine ideale Landschaft geht; die Töne werden noch wärmer und purpurner. Als das zweite Thema in E-Dur wiederkehrte, schauten wir uns überglücklich und voller Dankbarkeit für dich an."[5]

Dieser Frau widmete Brahms die Rhapsodie. Für Alan war sie die Frau, die gerade gestorben war. Wenn er diese Rhapsodie spielte, ihre Rhapsodie, wurde er daran erinnert, daß die Person, der er so viel gewidmet hatte, tot war. Hierin lag das Problem. Als er das letzte Mal in derselben Halle gespielt hatte, war seine Mutter anwesend. Sie war seit einiger Zeit krank gewesen, war aber eine weite Strecke gereist, um dabei sein zu können. Ihr ergebener Mann schob sie im Rollstuhl in die Halle. Dort saß sie in ihrem Rollstuhl, auf der Seite nahe der Bühne. Bevor das Konzert begann, sagte Alan der Zuhörerschaft, daß seine Mutter anwesend sei und daß er das Konzert ihr widmen wolle. Somit wurde er sicher daran erinnert, daß scinc Elisabcth fortgegangen war, als er wieder in jener Halle die Rhapsodie spielen wollte.

Das zweite Stück, das ihm Schwierigkeiten bereitete, war ebenso eins seiner Lieblingsstücke von Brahms; ich hatte es ihn schon oft spielen hören. Es war die erste Ballade aus Opus 10[6], zufolge von der schottischen Ballade „Edward“ inspiriert, die Herder ins Deutsche übersetzt hat. Alan war immer von diesem Werk fasziniert gewesen. Es war das erste Brahms-Stück, das er gelernt hatte, im Alter von dreizehn Jahren. Seit dieser Zeit hat er es ziemlich regelmäßig gespielt. Die Ballade wurde von Sir David Dalrymple niedergeschrieben und an Bischof Percy weitergegeben, der es 1765 in seine *Reliques* miteinbezog. Hier ist die Übersetzung von Herder:

Edward.

Schottisch.

Dein Schwert, wie ists von Blut so roth?
Edward, Edward!
Dein Schwert, wie ists von Blut so roth,
Und gehst so traurig her? – O!
„O ich hab geschlagen meinen Geier todt,
Mutter, Mutter!
O ich hab geschlagen meinen Geier todt,
Und keinen hab ich wie er – O!“

Deins Geiers Blut ist nicht so roth,
Edward, Edward!
Deins Geiers Blut ist nicht so roth,
Mein Sohn, bekenn mir frei – O!
„O ich hab geschlagen mein Rothroß todt,
Mutter, Mutter!
O ich hab geschlagen mein Rothroß todt.
Und's war so stolz und treu – O!“

Dein Roß war alt, und hasts nicht Roth,
Edward, Edward!
Dein Roß war alt und hasts nicht Roth,
Dich drückt ein andrer Schmerz – O!

„O ich hab geschlagen meinen Vater todt,
Mutter, Mutter!
O ich hab geschlagen meinen Vater todt,
Und weh, weh ist mein Herz – O!"

Und was für Buße willt du nun thun?
Edward, Edward!
Und was für Buße willt du nun thun?
Mein Sohn bekenn mir mehr – O!
„Auf Erden soll mein Fuß nicht ruhn,
Mutter, Mutter!
Auf Erden soll mein Fuß nicht ruhn,
Will gehn fern übers Meer – O!"

Und was soll werden dein Hof und Hall?
Edward, Edward!
Und was soll werden dein Hof und Hall?
So herrlich sonst und schön – O!
„Ich laß es stehn, bis es sink und fall,
Mutter, Mutter!
Ich laß es stehn, bis es sink und fall,
Mag nie es wieder sehn – O!"

Und was soll werden dein Weib und Kind?
Edward, Edward!
Und was soll werden dein Weib und Kind,
Wann du gehst übers Meer? – O!
„Die Welt ist groß, laß sie bettlen drin,
Mutter, Mutter!
Die Welt ist groß, laß sie betteln drin,
Ich seh sie nimmermehr – O!"

Und was willt du lassen deiner Mutter theur?
Edward, Edward!
Und was willt du lassen deiner Mutter theur?
Mein Sohn, Das sage mir – O!
„Fluch will ich Euch lassen und höllisch Feur,
Mutter, Mutter!
Fluch will ich Euch lassen und höllisch Feur,
Denn Ihr, Ihr riethets mir! – O!"[7]

Ich glaube, es gab einen bedeutsamen Grund für Alans Probleme mit diesem Brahms-Werk, wie wir auch bci Opus 79 gesehen haben. Das andere halbe Dutzend Brahms-Stücke, das zum Programm gehörte, machte ihm ja keine Schwierigkeiten. Ich glaube, seine Probleme mit der Ballade hatten sowohl mit deren Inhalt als auch mit den Umständen, unter denen er sie gelernt hatte, zu tun. Seine Lehrerin hatte empfohlen, beim Spielen dieses Werkes zu versuchen, sich das richtige Gefühl, die richtige Atmosphäre zu vergegenwärtigen. Er sollte sich vorstellen, daß er sich mit dem Geist von Hamlets Vater auf den Zinnen des Schlosses von Elsinore befände. Das sei der richtige Hintergrund für das Werk. Dann erzählte sie ihm von der Ballade, der Geschichte eines Sohnes, der seinen Vater ermordet – eine sehr bedeutungsvolle Geschichte für einen Dreizehnjährigen, besonders für Alan, da sein Vater, als er zwei Jahre alt war, an einer Krankheit gestorben war, über die Alan immer noch nichts genaueres weiß.

Es gibt noch andere damit zusammenhängende Überlegungen, die vielleicht in dieser Zeit in Alans Unbewußtem arbeiteten, die meiner Meinung nach auch Beachtung verdienen. In Hamlet geht es eigentlich um Brudermord. Claudius tötet seinen Bruder, den König Hamlet, in Hamlet aber besteht ein unbewußter Konflikt , der ihn daran hindert, den Tod seines Vaters zu rächen. Ernest Jones hat in *Hamlet and Oedipus*[8] gezeigt, daß Hamlet selbst seinen Vater töten wollte und sich deshalb nicht entschließen kann, Claudius zu bestrafen, da dieser Hamlets Wunsch in die Tat umgesetzt hatte; es ist die klassische oedipale Situation, den Vater zu töten und die Mutter für sich zu beanspruchen. Höchst bedeutsam ist in dieser

Hinsicht, daß die Version der Ballade, die Herder ins Deutsche übersetzte, die einzige ist, in der Edward den Mord an seinem Vater gesteht. Alle anderen Versionen (z. B. die von Motherwell wie auch die dänische und schwedische) geben es als Brudermord wieder.[9] Diese Version jedoch weicht ab. Man weiß, daß Dalrymple bestimmte Teile des Textes verändert hat, vielleicht auch dies. Interessanterweise wird diese Tatsache weder von Child noch von irgendeinem anderen Volkskundler erwähnt.

Ein weiterer interessanter Punkt ist, wie aus dem letzten Vers zu ersehen, daß der Mutter eine Mitschuld am Mord gegeben wird,[10] was an Königin Gertrudes Rolle beim Mord an ihrem Gatten erinnert. Alan hat verschiedene Fantasien darüber, was seinem Vater wirklich geschehen ist, woran er wirklich gestorben ist. Nie hat er seiner Mutter die Schuld am Tod seines Vaters gegeben – er hat keinen wirklichen Grund dafür –, ich glaube aber, tief im Inneren fragt er sich, was sie wohl gemacht hat. Wie erwähnt, waren die Umstände seines Todes sehr sonderbar. Obendrein war der Bruder, zu dem Alan die engste Beziehung hatte, vor einigen Jahren gestorben. Alan hat das starke Gefühl, daß er mehr für seinen Bruder hätte tun können, daß er es in gewisser Hinsicht verpaßt hat, ihm Hilfe anzubieten. Gedanken an Brudermord können gut unbewußte Schuldgefühle hervorgerufen haben.

So war er nun bei der Generalprobe, stark gestreßt von einer Musik, die in ihm Erinnerungen an Vater- und Brudermord und Fragen hinsichtlich der Rolle seiner Mutter beim Tod des Vaters und des Bruders hervorrief. Dies wurde noch verschlimmert durch die Tatsache, daß er sie, auch wenn sie dieses schreckliche Verbrechen begangen hatte, jetzt verloren hatte, daß sie nicht mehr da war. Jetzt konnte es keinen Dialog mehr mit ihr geben, wie in der Ballade – der Dialog zwischen Mutter und Sohn, in dem der Sohn glaubt, daß sie beide gemeinsam Schuld am Mord am Vater (oder Bruder) sind.

Gleich ob unschuldig oder schuldig, würde er jedenfalls nie wieder einen Dialog mit seiner Mutter führen können.

Wir haben ausführlich darüber gesprochen. Während dieser äußerst aufwühlenden Tage erfuhr Alans Einstellung gegenüber seiner Mutter eine bemerkenswerte Veränderung. Das Konzert war eine zutiefst transzendentale Erfahrung. Er trauerte nicht länger um die „zuverlässige“ Freundin die ihn verlassen hatte. Stattdessen widmete er das Konzert der liebevollen Erinnerung an sie, erinnerte sich noch einmal der Schönheit ihres Lebens und sah sich als eine Fortsetzung ihrer Kreativität.

1 Hans Gal, *Johannes Brahms: His Work and Personality.* (übersetzt von Joseph Stein) (New York: Knopf, 1971) S. 97.
2 Karl Geiringer, *Brahms: His Life and Work* (New York: Da Capo Press, 1982) S. 117–118.
3 Gal, op. cit., S. 101.
4 Heinz Becker, in *The New Grove Dictionary of Music and Musicians,* Vol. 3. (London: Macmillian, 1980), S. 160.
5 Gal, op. cit. S. 99.

6 Die vier Balladen aus Opus 10 sind Julius O. Grimm gewidmet. Dies ist nicht einer der Brüder Grimm, obwohl volkskundlich orientiert, sondern ein Musiker und lebenslanger Freund von Brahms. Die erste Ballade ist „Nr. 13".
Siehe Francis James Child, *The English and Scottish Popular Ballads,* Vol. I (New York: Dover, 1965).

7 ibid, S. 169–170.

8 Ernest Jones, *Hamlet and Oedipus,* (New York: Doubleday, 1949), S. 100.

9 Bronson, B. H., *The Traditional Tunes of the Child Ballads,* Vol. I, (Princeton: Princeton University Press, 1959). Es gibt bei Bronson siebzehn relevante Testvarianten, in vierzehn davon ermordet der Sohn den Bruder, in dreien den Schwager. In keiner Variante ist vom Mord am Vater die Rede.

10 ibid, S. 237. Bronson sagt: „Keine der traditionellen Varianten außer die von Motherwell, die möglicherweise von Percy beeinflußt wurde, bezieht die Mutter in die Schuld des Sohnes ein," und es scheint ihm dies „eine literarische Neubearbeitung des traditionellen Liedes" zu sein. Er zeigt weiterhin auf, daß die Varianten selbst Ableitungen von Percy und Motherwell sind, die beide die Mutter miteinbeziehen. Vielleicht kam das der Wahrheit zu nahe, und wurde deshalb in Amerika und Skandinavien weggelassen.

Nach außen gerichtete Kommunikation

In Ralph Vaughan Williams Biographie, die seine zweite Frau geschrieben hat, spricht sie von seiner Ergebenheit gegenüber seiner ersten Frau, die viele Jahre lang gelähmt war. Jeden Abend saßen sie beisammen und lasen einander vor, den ganzen Walter Scott, den ganzen Shakespeare und vieles andere. Als ich davon las, wurde mir bewußt, daß diese Art von Intimität heute verloren gegangen ist.

Vor ein oder zwei Generationen war es noch üblich, sich die Bibel gegenseitig vorzulesen. Die gesamte Familie hatte am Leben teil. Dafür sind Literatur, Sprache und Musik gemacht – um weitergegeben zu werden. Wenn Menschen positiv mit uns kommunizieren, und sei es nur durch lautes Zählen, steigt unsere Lebensenergie meßbar. Wenn sie aber ihre Kommunikation nicht an jemanden richten, einfach nur in die Luft sprechen, dann steigt weder unsere Energie noch ihre.

Bei der Verwendung von positiven Affirmationen wird man stärker energetisiert, wenn man anstatt „ich“ seinen eigenen Namen verwendet. Wenn man anstatt zu sagen „Ich bin gesund“, sagt: „John (oder wie immer man heißt) ist gesund“, wendet man sich an sich selbst, als ob man ein Außenstehender wäre. Man sendet die Botschaft an sich selbst und nimmt sie selbst wieder auf. In dieser Form wird die Affirmation zu einer starken und durchdringenden kommunikativen Botschaft.

Deshalb *ist es von großer Bedeutung, ob Sie etwas nach außen richten oder es eigennützig für sich behalten – ob es nun Literatur, Musik oder Sprache sind.* Wenn Sie sich beim Lesen – auch beim leisen Lesen- vorstellen, sie lesen jemandem vor, fördert es Ihre Lebensenergie viel mehr. Das kann sogar Dyslexie korrigieren. Wir lassen die Betroffenen jemand anderem laut etwas vorlesen, oder wenn niemand da ist, lassen wir sie laut lesen, für sich selbst, für einen imaginären Gegenüber, mit der Vorstellung, daß die Stimme zu einer anderen Person hinübergeht, oder erst weg und dann zurück zu ihnen selbst.

Wenn Lesen, Sprache, Musik oder auch Gedanken gerichtet sind, enthalten sie mehr Energie, als wenn sie einfach diffus in die Welt herausplatzen. Sobald Sie beginnen, *nach außen* zu geben, wird Ihre Thymusaktivität gesteigert, die Gehirnhemisphären kommen ins Gleichgewicht und möglicherweise wird eine Dyslexie korrigiert. Gerichtete Gedanken, gerichtete Musik, gerichtetes Lesen, gerichtete Sprache, gerichtetes Schreiben, jede Form der Kommunikation, die gerichtet ist, verfügt über viel mehr Energie als eine Kommunikation, die nur durch den Raum weht.

Projektion, Intimität und Eins-Sein

Die Zone der Kommunikation

Igor ist ein international anerkannter Geiger, doch er weiß, daß etwas mit seinem Spiel nicht stimmt. Im großen und ganzen war das auch die Ansicht der Kritiker, doch niemand konnte das Problem genau benennen. Igor ersuchte mich um Hilfe, und wir konnten während der Behandlung viele Problembereiche korrigieren. Mit jeder Korrektur erhöhte sich die Lebensenergie in seinem Spiel. Ein Bereich hatte mit dem Problem der „Projektion" zu tun. Stellen Sie sich einen Geigensolisten vor, wie er mit seinem kleinen Instrument auf der Bühne steht und zu sich selbst sagt: „Ich muß dafür sorgen, daß die Leute in der letzten Reihe des Konzertsaals mich klar hören."[1]

Ich ging mit Igor in einen leeren Konzertsaal. Ich setzte Leute in die letzte Reihe und bat ihn dann, sich auf die Bühne zu stellen und zu spielen. Nach ein paar Takten testete ich ihn; schon war er schwach und stand unter großem Streß. Also setzte ich die Zuhörer einige Reihen nach vorn; wieder trat dieselbe Schwäche auf und blieb auch bestehen, während sie näher und näher kamen, bis sie schließlich in der zweiten Reihe saßen. So schön Igor spielte, er konnte die Musik nur bis zu den ersten beiden Reihen der Zuhörerschaft herüberbringen. Somit geriet er in großen Streß, der wiederum die Lebensenergie in seiner Musik stark störte. Wahrscheinlich einer der Faktoren, den die

Kritiker erahnt haben. Ich erzählte Igor, was ich von dem Schauspieler Charles Laughton gehört hatte; dieser hatte gesagt, er könne ein Flüstern bis in die letzte Reihe des größten Theaters der Welt „projizieren“. Das habe nichts mit Kraft zu tun, sondern werde allein durch gezieltes Denken, Präzision und Absicht erreicht. Igor dagegen versuchte es mit Kraft, und das streßte ihn. Wie oft habe ich in Konzertsälen Musiker gesehen, die versuchten, den Ton mit roher Gewalt herüberzubringen. Wie sie mußte Igor lernen, wie man ein Flüstern herüberbringt, so wie es Charles Laughton beschrieben hat. Eines der Grundprobleme, wenn Musiker versuchen zu projizieren, ist, daß der Atem blockiert wird. Igor die richtige Methode zu lehren, war sehr einfach. Er brauchte nur die Sicherheit, daß die Zuhörer, während sie sich allmählich immer weiter nach hinten setzten, ihn noch immer klar hören konnten. Ich bat ihn, sich vorzustellen, daß seine Musik schwebend in einem sanften Bogen die Zuhörer erreicht. Er wollte, daß sie ihn klar hörten, daß sein Ton zu ihnen ginge. Bevor er zu spielen begann, sagte er zu sich selbst: „Ich muß mein Spiel nicht forcieren. Die Musik wird mit Schönheit und Leichtigkeit durch die Luft zu ihnen schweben.“ (Bei Sängern lautet die Affirmation: „Ich habe mehr als genug Atem, um meine Stimme so weit zu projizieren, wie ich will.“) Als wir ihn danach testeten, stellten wir fest, daß er seine Musik bis in die letzte Reihe des Saals projizieren konnte. Er testete beim Spielen stark, und die Zuhörer erklärten, er höre sich viel lauter an. Sie erkannten nicht nur die erhöhte Lautstärke, sondern auch eine neue Klarheit in seinem Spiel, und er verfügte natürlich über viel mehr Lebensenergie . Er hatte gelernt, wie man ein Flüstern „projiziert".

*

Gail, eine Hausfrau, ist im Laufe der Jahre immer nervöser und ängstlicher geworden. Am deutlichsten ist das an ihrer Sprache zu erkennen, die trotz ihrer Weichheit angespannt und irgendwie abgehackt ist. Ihre Rede hat keinen Fluß, keine Bewegung. Sie klingt brüchig, angespannt leise, dennoch aber unangenehm schrill. Wie Igor war Gail im Projektionstest schwach. Wenn sie an einem Ende des Wohnzimmers steht und der Zuhörer am anderen, testet sie schwach, wenn sie mit den anderen spricht, unabhängig davon, was sie sagt. Diese Schwäche hält an, auch wenn der Zuhörer näher kommt, bis er ungefähr einen Meter entfernt ist. Jede Entfernung darüber bedeutet großen Streß. Mittlerweile ist Gail so ängstlich und in sich gekehrt, daß schon das Ausstrecken ihrer Stimme über ihr unmittelbares Territorium hinaus Streß und Angst hervorruft. Nur in diesem engen Bereich konnte sie kommunizieren, gefangen wie ein Häftling in einer Zelle.

Ich zeigte Gail, wie sie ihre Stimme zum Zuhörer projizieren, ihre Energie auf einem hohen Niveau halten und streßfrei bleiben kann. Zuerst ließ ich sie dem Zuhörer sanft einen Ball zuwerfen. Während der Ball durch den Raum in die Hände des Zuhörers flog, beschrieb er einen kleinen Bogen. Ich schlug Gail vor, ihre Stimme auf dem Weg des Balles durch die Luft schweben und beim Zuhörer ankommen zu lassen. „Das kann ich nicht“, sagte sie mit einem nervösen Lachen. Aber sie versuchte es, und es funktionierte. Wenn sie jetzt mit jemandem sprach, testete sie stark, und auch wenn der Zuhörer weiter wegging, bereitete ihr das Sprechen keinen Streß. Ihre Rede floß leichter und ihre Stimme war ruhiger. Ihre Sprechweise erfuhr eine deutliche und schöne Veränderung. Wie Igor konnte sie jetzt projizieren.

Intimität

Gail hatte noch ein weiteres Problem, das gewissermaßen genau das Gegenteil des Projektionsproblems ist. Wie bereits erwähnt, testete Gail stark, wenn der Zuhörer sich ihr bis auf ungefähr einen Meter näherte. Kam er aber noch näher heran, testete sie wieder schwach, wenn sie aus solcher Nähe mit ihm reden sollte. Für die schüchterne Gail bedeutete dies ein bedrohliches Eindringen in ihr Territorium und damit großen Streß, der sich in ihrer Sprache widerspiegelte. Hier haben wir ein *Intimitäts*problem. Gail braucht einen gewissen Abstand zu anderen Menschen. Wer dieses Intimitätsproblem hat, testet auch in anderen intimen Situationen schwach, wenn er beispielsweise sehr nah bei einer anderen Person sitzt oder steht, sie berührt oder von ihr berührt wird. Nachdem ich

Gail geholfen hatte, dieses Problem zu überwinden, testete sie stark, wenn sie mit jemandem sprach, auch wenn der sehr nah bei ihr stand. Jetzt konnte sie zu jedem Zuhörer, gleich wie weit entfernt, reden, ohne Verlust ihrer Lebensenergie und ohne Streß. Meine Empfehlung an Gail war, sich als regelmäßige Übung täglich vorzustellen, wie ihre Stimme zu einer anderen Person hinüberflöge, wobei diese einmal näher, einmal weiter weg wäre.

Bei unserer Arbeit in diesem Bereich testen wir oft die Stimme der Testperson, während sie zählt; das gleiche gilt aber für jede Art von Kommunikation. Die Ergebnisse sind dieselben, wenn jemand versucht, Gedanken, Gefühle, auch Gesten zu projizieren, oder dem Zuhörer einfach nur Luft zubläßt. Viele Leute haben nur eine kleine *Zone der Kommunikation,* in der sie sich wohl fühlen.

Anstatt mit ihrer Umgebung voller Liebe und Energie zu kommunizieren, können sie nur ein paar Meter weit projizieren. Und wenn jemand zu nahe kommt, erzeugt die intime Situation ebenfalls Streß.

Einheit

In diesen Bereich gehört noch ein weiterer Faktor. Es geht nicht einfach darum logische, aufeinanderfolgende Gedanken zu anderen herüberzubringen. Ein weiterer entscheidender Faktor ist die Frage, ob Sie die Person, der Sie etwas mitteilen, im Prinzip lieben. Ein Patient zum Beispiel, der sein Problem seinem Psychotherapeuten beschreibt, ist danach vielleicht ausgeglichen und voll kreativer Energie. Beschreibt jedoch derselbe Patient einem anderen Psychotherapeuten sein Problem, löst sich vielleicht gar nichts. Er ist noch immer unausgeglichen und blockiert, hat dadurch, daß er sein Problem zum Ausdruck gebracht hat, nichts gewonnen. Der Unterschied liegt darin, daß er den ersten Psychotherapeuten liebt, den zweiten aber nicht. Wenn der Vorgang positive Wirkung haben soll, müssen die Gedanken in einem liebe- und vertrauensvollen Verhältnis ausgedrückt werden. Das funktioniert natürlich in beiden Richtungen: Wenn zum Beispiel ein Schriftsteller, ein darbietender Künstler oder ein Komponist das Publikum, für das sie kreativ sind, im Grunde nicht lieben, empfinden sie Streß – und das Publikum spürt diesen Streß wohl. Daher die Bedeutung der Liebe und des Wunsches zu helfen, für jeden Kommunikationsprozeß.

„Ich liebe meine Schwester wirklich, aber jedesmal wenn wir zusammen sind, gibt es Streit – gewöhnlich um nichts. Alles verläuft großartig, und dann verletze ich sie zufällig. Es geschieht nie mit Absicht, doch so sehr ich mich bemühe, es zu verhindern, es passiert immer wieder. Warum gibt es diese Spannung zwischen uns?" Jeff ist ein äußerst angenehmer Mann, immer hilfsbereit, einer, der einem gleich bei der ersten Begegnung ein Gefühl der Ungezwungenheit vermitteln kann. Seine Kollegen schätzen ihn sehr. Doch einer seiner engsten

Freunde, Tom, auch ein Patient von mir, beklagte sich einmal, es sei schwer, einen Abend mit Jeff zu verbringen, ohne daß er wegen irgend etwas „in die Luft gehe“.

Warum dieses Mißverhältnis? Bei Fremden und flüchtigen Bekannten kann Jeff nichts falsch machen, bei Freunden und Familienmitgliedern aber sagt er immer das Falsche. Ich habe eine Art von Soziogramm entwickelt, das sich bei der Arbeit mit Leuten wie Jeff als sehr nützlich erwiesen hat. Hier ist es:

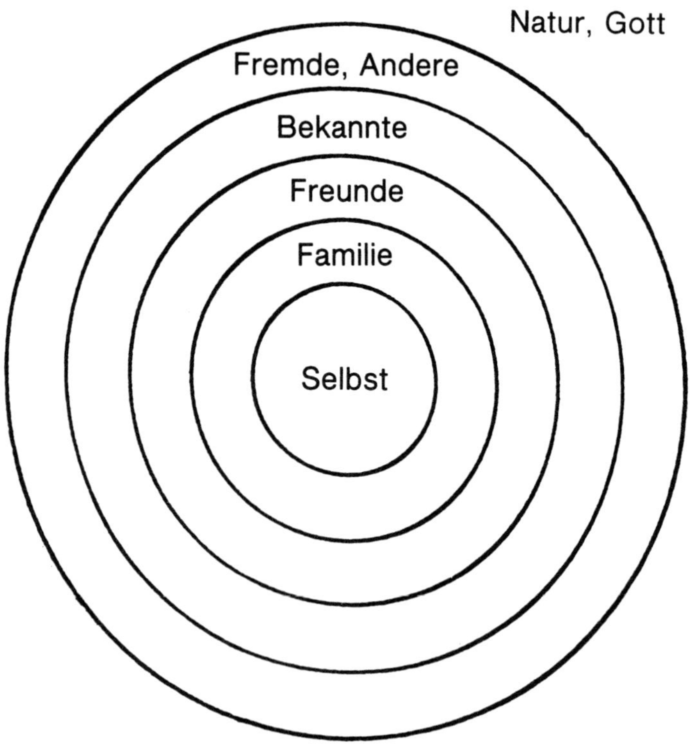

Auf jede dieser Kategorien von Menschen/Beziehungen teste ich meine Klienten, indem ich sie sagen lasse „Ich bin eins mit meiner Familie“, dann „Ich bin eins mit meinen Freunden“ usw., bis jede Kategorie getestet ist. Wie zu erwarten, testete Jeff schwach bei „Ich bin eins mit meiner Familie“ und bei „Ich bin eins mit meinen Freunden“. Er testete stark bei „Ich bin eins mit Fremden“ und „Ich bin eins mit Bekannten“. Vielleicht nicht ganz so erwartungsgemäß war es, daß Jeff bei „Ich bin eins mit mir selbst“ und bei „Ich bin eins mit der Natur (oder Gott)“ schwach testete. Jeffs Unbehagen hinsichtlich sich selbst und der Welt war recht leicht aufzuspüren. Er testete schwach, wenn er sagte „Ich weiß, wer ich bin“ und beim Intimitätstest. Für ihn war es leichter, mit Fremden und entfernteren Bekannten umzugehen, da er weniger von sich selbst enthüllen mußte. In diesen eher formalen Zusammentreffen, waren die Rollen recht gut definiert.

Bei seiner Schwester und seinem engen Freund Tom konnte sich Jeff nicht so leicht verstellen. Das Gefühl des Unwohlseins und Unbehagens war nur schwer zu verbergen. Gewöhnlich machte er schließlich eine Bemerkung, die sich kritisch oder ausgesprochen widerlich anhörte. Das Ergebnis war Streit. Wenn es wirklich darauf ankam, konnte Jeff nicht entspannen und mit Familienmitgliedern und Freunden wirklich kommunizieren. Durch bestimmte Affirmationen und die Bereitschaft, sich mit seinem Problem zu beschäftigen, erwarb Jeff allmählich die Fähigkeit, bei allen Kategorien des Soziogramms stark zu testen.

Jeffs Problem war ziemlich klar. Doch wie ist es bei einem Musiker und seiner Beziehung zu seinen Zuhörern? Wie nimmt der Musiker seinen Zuhörer wahr – und welche Gefühle hat er ihnen gegenüber? Ein energiestarker Musiker erweist sich als eins mit allen Kategorien des Soziogramms und testet besonders stark bei „Ich bin eins mit der Zuhörerschaft“ und „Ich bin eins mit dem Komponisten“. Natürlich sollte es umgekehrt genauso sein. Die Zuhörer sollten bei allen Kategorien stark testen, besonders bei „Ich bin eins mit dem Künstler“.

Wenn die Bereiche Projektion, Intimität und Eins-Sein überprüft und korrigiert sind, erleben sowohl der Musiker als auch die Zuhörer ein höheres Niveau der Kommunikation.

1 Die Musikgeschichte zeigt uns, daß die durchschnittliche Größe des Publikums sich in den letzten Jahrhunderten ständig erhöht hat. Deshalb sind Instrumente für immer größere Lautstärken entwickelt worden. Aus der lieblichen hölzernen Renaissance-Flöte mit ihrem weichen, feinen Klang zum Beispiel ist die Metallflöte geworden, die sich, so scheint es mir, eher für Marschkapellen als für ein intimes musikalischen Erlebnis eignet.

Hier stehe ich

Zurückhaltende Musiker

Es gibt viele Gründe dafür, daß das Spiel eines Musikers „reserviert" sein kann. Sie sind immer persönlicher Art und sehr individuell. Lassen Sie mich von Peter berichten, einem Geiger, mit dem ich einige Zeit gearbeitet habe. Ich habe schon immer das Gefühl gehabt, daß irgendetwas ihn zurückhielt, wenn er spielte, nicht so sehr in bezug auf Lautstärke, sondern in bezug darauf, wie viel er von sich selbst einbrachte. Das offenbarte sich auch physisch. Er ist eigentlich recht groß, doch auf der Bühne erscheint er sehr klein. Ein Gefühl der Selbst-Mißbilligung geht von ihm aus. Er ist nicht ganz da, füllt seinen Platz nicht aus. Er sagt nicht lauthals zum Publikum, zur Welt: „Das bin ich. Das ist meine Musik." Er hat Angst davor, diese eindeutige, totale Hingabe signalisierende Aussage zu machen. Entsprechend ist ein Element der Zurückhaltung in seinem Spiel.

Peter sagte, das sei für ihn schon immer ein Problem gewesen. Wir sprechen über eine Reihe möglicher Bereiche in seinem früheren Leben, die Auslöser hätten sein können. Wir schienen aber nicht zum grundlegenden Bereich zu gelangen. Dann kam ich auf etwas, war ich ganz offenbar zuerst hätte ansprechen sollen, etwas, was wir beide zunächst ignoriert hatten: Peter ist Schwarzer. Er war tief in den Südstaaten aufgewachsen und war überzeugt, daß ein Schwarzer sich vorsichtshalber ruhig, unauffällig und kompromißbereit verhalten solle. Das ist auch das Problem bei seiner Musik; er will nicht aufstehen und offen für sich sprechen. Diese Angst davor, seine tiefsten Überzeugungen auszudrücken, bringt er in seine Musik ein. Deshalb versucht er sogar mitten auf der Bühne, sich zu verstecken.

*

Ein Pianist hatte mir aus England einige Bandaufnahmen geschickt mit der Frage, ob ich ihm helfen könne, den Streß zu lindern, den er beim Spielen empfand. Schon beim ersten Zuhören erkannte ich seine enormen technischen und künstlerischen Fähigkeiten, stellte allerdings auch fest, daß sein Spiel sehr gestreßt und die Lebensenergie folglich sehr niedrig war.

Was mir besonders auffiel und Sorgen machte, war ein Gefühl von Schüchternheit, als ob er Angst davor hätte, eine Aussage zu machen. Das bestätigte sich, als wir uns trafen. Er ist ein sehr zurückhaltender Mann, spricht leise und neigt zum Nuscheln. Seine Schüchternheit wurde besonders deutlich, wenn er spielte: dicht über die Klaviatur gebeugt, so als ob er sich so unauffällig wie möglich machen wolle. Nicht einmal war sein Rücken gerade, nie sah er aus, als ob er sagen wolle „Dies ist meine Aussage“. Außerdem war während des Spielens sein Kopf meist nach links gedreht, also weg von den Zuhörern. Hier fehlten Identität und positiver Ausdruck und obendrein schien er sich zu schämen. Nachdem er gespielt hatte, bat ich ihn, aufzustehen, sich vorzustellen, er stehe vor einem Publikum und zu sagen „Hier stehe ich". Er testete schwach. Das hatte ich auch aus seinem Spiel gehört – seine Schüchternheit, die Zurückhaltung, die halbherzige Art, in der er den Zuhörern seine Aussage übermittelte, und das Sich-Abwenden, als ob er sie nicht sehen wollte.

Ich versuchte herauszufinden, wann dies begonnen hatte, und stellte fest, daß das Problem zuerst im frühen Teenageralter aufgetreten war. Als er mir erzählte, was damals passiert war, errötete er und wandte sein Gesicht ab: Gerade in Paris angekommen, war er einem der berühmtesten Pianisten der damaligen Zeit vorgestellt worden (ein Mann, dessen Spiel sich übrigens im Test als sehr energieschwach erweist). Der berühmte Pianist hatte ihm nicht nur Unterricht angeboten, sondern versprach auch, ihn zu seinem Protegé zu machen, seine Karriere zu fördern und stellte ihm eine glänzende musikalische Zukunft in Aussicht. Es gab nur ein Problem. Der Lehrer bestand auf einer homosexuellen Beziehung zu ihm und drängte sich ihm mit Gewalt auf. Der Pianist sagte dazu: „Das einzige Wort, für das, was damals passiert ist, ist, daß ich vergewaltigt wurde – physisch und seelisch." Der ehemals kontaktfreudige junge Mann wurde depressiv. Seine Haltung begann zusammenzusakken, sein Selbstvertrauen ging verloren. Er konnte der Öffentlichkeit nicht mehr seine Aussage übermitteln, ihr nicht mehr in die Augen schauen.

*

Auf dem Reichstag zu Worms wurde Martin Luther gefragt, ob er widerrufen werde. Hätte er dies getan, wäre er vielleicht wieder in die Kirche aufgenommen worden. Andererseits mußte er bei Weigerung mit ständig zunehmender Feindseligkeit seitens der Kirche und dem möglichen Tod rechnen. Luthers Antwort war angeblich: „Hier stehe ich. Ich kann nicht anders." Vor seinen Feinden erhob er sich zu voller Größe und machte eine Aussage über seine Stellung in der Welt. Es war sein Testament, sein Glaube, sein Leben, damit sagte er: „Das bin ich. Das ist mein Leben. Ich stehe vor Euch und enthülle schon durch meine Anwesenheit die Wahrheit über mich selbst. Das ist alles, was ich repräsentiere. Hier stehe ich."

Wir treffen im Leben viele Leute, die in größerem oder geringerem Maße so wie Luther sind. Durch ihre Werke, ihre Handlungen, ihre Sprache, ihre Gesten wissen wir genau, wer sie sind, oder zumindest, wer sie zu werden versuchen. Ihre Aussage in der Welt mag weit davon entfernt sein, perfekt zu sein, aber sie ist bestimmt, offen und laut. Wir müssen sie nicht mögen, doch wir wissen, wer sie sind, weil *sie* wissen, wer sie sind.

Ich erinnere mich an einen Mann, der Geiger und Dirigent ist. Jede wache Sekunde seines Lebens (und möglicherweise auch seiner Träume) ist mit Musik erfüllt. Schon nach einem kurzen Moment Unterhaltung mit ihm weiß man, daß er ein Musiker ist, denn Musik ist das Thema all seiner Unterhaltungen. Auch sein Körper scheint irgendwie von der Musik regiert zu werden, so als ob sie ihn ständig durchfließen würde. Musikalisch sind seine Bewegungen und seine Stimme; einen Großteil des Tages verbringt er damit, zu musizieren, zu singen oder vor sich hin zu summen. Wenn er aufsteht, um Geige zu spielen, weiß man, daß er der Welt seine Botschaft mitteilt: „Das bin ich. Ich bin Musiker und ich werde jetzt ganz aus meinem Herzen für Sie spielen. Ich spiele jetzt für Sie genau das, was ich glaube. Hier stehe ich."

Dies wird womöglich noch deutlicher, wenn er vor dem Orchester steht und dirigiert. Plötzlich scheint er zu wachsen und von unglaublicher Kraft erfüllt zu werden – und doch ist es eine freundliche Kraft, eine freundliche Reflektion der Kraft der Göttin. Jede seiner Gesten ist eine definitive, totale Aussage seines Glaubens, und so ist jeder Ton, den das Orchester als Reaktion auf seine Gesten hervorbringt, eine totale, vollkommene Aussage: „Hier stehe ich. Hier ist alles, woran ich glaube. Dies ist mein Alles."

Es mag sonderbar klingen, doch ich habe viele Schriftsteller, Künstler, Komponisten und Musiker kennengelernt, die nicht mit Überzeugung sagen können: „Hier stehe ich." Sie testen schwach, wenn sie daran denken, ihre Aussage der Welt zu vermitteln; und dabei erfordert ihre Arbeit mehr als die aller anderen Menschen, daß sie genau das tun. Wir haben immer eine deutliche Verbesserung der Kraft und Direktheit ihre Kommunikation festgestellt, wenn sie erst fähig waren, sich der Welt zu präsentieren und offen und laut zu verkünden „Hier stehe ich."

Ich treffe viele Leute, die sehr ängstlich wirken. Oft haben Sie eine leise, monotone Stimme. Ich habe den Eindruck, daß in dem, was sie sagen, keine Überzeugung ist, als ob die Worte eher von ihren Lippen als von einem Feuer in ihrem Bauch kämen. Es fällt schwer, ihnen zu glauben. Mir erscheinen sie manchmal wie die Puppe eines Bauchredners. Der Mund bewegt sich, doch der Körper schweigt. Sie sprechen nicht aus dem Herzen, nur aus dem Mund. Ängstlich fürchten sie sich davor auszudrücken, was sie wirklich glauben. So gehen sie durchs Leben, mit ihren Ehepartnern und Familien, – nie wissen sie wirklich, was sie glauben oder wirklich wollen, haben keine tiefgehende Kenntnis von ihrer eigenen Person.

Ich kenne eine Frau von Mitte fünfzig, eine freundliche und sanfte Person, mit einer sehr leisen und kontrollierten Stimme. Sie ist sehr ängstlich und fürchtet sich, ihre Aussage der Welt mitzuteilen. Sie hat ein neues System der musikalischen Notation erfunden – keine alltägliche Leistung, doch seit fünfzehn Jahren zögert sie, es der Öffentlichkeit mitzuteilen. Sie muß hier noch etwas korrigieren, dort noch etwas ändern, es erst noch einmal überprüfen und kommt nie zu einem Ende. Ich bat sie, die Hände auf den Bauch zu legen und sich vorzustellen, daß ihre Worte eher von dort als von ihren Lippen kämen. Sie schüttelte den Kopf und sagte: „Ich kann es nicht." (All ihre Sätze sind kurz, sie hat keinen Atem.) Sie scheint nicht projizieren zu wollen, sie möchte ihre Aussagen nicht der Welt mitteilen, deshalb kommen sie kaum über ihre Lippen hinaus. Doch *in Wirklichkeit* möchte sie ihre Aussage machen. Ein Hinweis dafür ist, daß ihre Sprechmuskeln angespannt sind und schmerzen. Sie hält sich zurück. Sie möchte eine Aussage machen, schiebt jedoch „einen Riegel davor“ und schneidet sie ab.

Wenn ich sie bitte, sich vorzustellen, sie stände vor einer Gruppe von Menschen und erzählte ihnen von ihren Überzeugungen, ihrer Arbeit oder den Dingen, die ihr wirklich wichtig sind, dann testet sie schwach. Außerdem testet sie schwach, wenn sie tatsächlich eine Aussage über ihre innere Überzeugung macht, und auch, wer ihr zuhört, testet schwach. So groß ist der Streß, den ihr die Mitteilung ihrer Aussage an die Welt bereitet.

Der davon hauptsächlich betroffene Meridian ist der Kreislauf-Sexus-Meridian, ein komplexer Meridian. Der besondere Aspekt in diesem Fall ist sexuelle Spannung.[1] Öffentlich aufzustehen und sich zu enthüllen, erzeugt bei ihr starke Spannung, deren Basis sexueller Natur ist. Nachdem sie die entsprechende Affirmation gesagt hat, testet sie stark, wenn sie sich vorstellt, sich hinzustellen und ihre Aussage der Welt mitzuteilen. Dann bat ich sie, über das zu sprechen, was sie glaubte, während sie weiterhin zu sich selbst die Affirmation sagte. Jetzt testete sie stark und ebenso die Zuhörer. Ich bat sie, sich vor den Leuten zu ihrer vollen Größe zu erheben, die Arme seitlich auszustrecken, sich zu öffnen und zu sagen „Das bin ich. Das ist Joanne. Hier stehe ich.“ Sie testete stark. Jetzt kann sie beginnen, ihre Aussage in der Welt zu machen.

*

Wie sah die Lösung für Peter aus? Ich erzählte ihm die Geschichte von Paul Robeson und den Leiden, die er wegen seiner Hautfarbe und seiner Einstellung ertragen mußte. Die Musik war Paul Robesons Gabe, so wie sie Peters Gabe ist, und er nutzte sie nicht nur für den Fortschritt seiner Rasse, sondern für die Verbesserung der ganzen Welt. Ich spielte Peter die Aufnahmen vor, die Paul Robeson 1958 in London aufgenommen hat, als das „State Department“ ihm nach Jahren der Verfolgung schließlich den Paß zurückgegeben hatte. Er war ein kranker Mann, aber er konnte wieder auf Tournee gehen und seine Freiheitslieder singen. Die Aufnahme ist bei dem ersten Konzert der Tournee entstanden. Seine Stimme war nicht, was sie einmal gewesen war, aber seine Kunst, seine Hingabe und die Kraft sich mitzuteilen waren beeindruckender als je zuvor. Ich sagte Peter, er solle besonders auf Robesons „Ol'Man River“ achten; in diesem Lied hatte er den Text geändert und es nicht zu einem Lied des Vorurteils, sondern der Freiheit, Hoffnung und Liebe gemacht; mehr als diese totale Hingabe von Paul Robeson könnte wohl kein Musiker geben. Paul waren von Gott zwei Gaben verliehen worden, seine Musikalität und seine schwarze Hautfarbe. Voll Mut und Liebe setzte er sich für unser aller Wohl ein.

Dann bat ich Peter, so zu spielen, wie Paul Robeson gesungen hatte; und auf einmal waren all die Kraft, Hingabe, Engagement und Ausstrahlung da. Er füllte jetzt seinen Raum völlig aus. Er hatte seine Entscheidung getroffen. Er spielte und sprach mit totaler Autorität. Seit dem spiegelt sich in Peters Spiel diese Veränderung. Viele Menschen haben es bemerkt, ohne den Grund für diese große Veränderung zu kennen. Sie wissen nicht, daß sich Peter bei jedem Bühnenauftritt an Paul Robeson erinnert und sich seine Hingabe innerlich bestätigt, sein „Hier stehe ich". So wirkt Robeson weiter.

Bei dem Pianisten war eine psychologische Behandlung notwendig, um ihm die Überwindung des durch seinen Lehrer herbeigeführten, starken Traumas zu ermöglichen. Bald war auch er fähig, eine starke Identität aufzubauen und seine Aussage zu machen. Neulich hörte ich ihn im Konzert; der Wandel in seiner Ausstrahlung erfüllte mich mit Erstaunen und Ehrfurcht. In seiner Haltung spiegelte sich Stärke und er sah beim Spielen oft die Zuhörer an. Seine Musik war unglaublich schön und sehr energiestark.

1 Siehe „Die heilende Kraft der Emotionen", Verlag für Angewandte Kinesiologie, Freiburg 1987

Lehrer und die Angst vor Erfolg

Oftmals ist die Beziehung zwischen Lehrer und Schüler voller Schönheit, Liebe und gegenseitiger Zuneigung, eine Bereicherung für beide. Manchmal aber auch nicht, wie der folgende Fall verdeutlicht.

Daniel , ein sehr energiestarker Oboespieler, bereitete sich auf einen wichtigen Oboe-Wettbewerb vor. Seit acht Jahren ist er Schüler eines der besten Lehrer im Lande. Durch einige unserer Testergebnisse waren wir beide ziemlich beunruhigt. Zum ersten Mal (und das kurz vor dem Wettbewerb) ist sein Spiel plötzlich sehr energieschwach. Außerdem testet er schwach, wenn er sagt „Ich mag Musik," und stark, wenn er sagt „Ich mag Musik nicht". Er testet auch schwach, wenn er sagt „Ich mag Haydn" und all die anderen Komponisten, deren Werke er im Wettbewerb spielen wird, und – wen wundert es – bei der Aussage „Ich glaube, ich werde im Wettbewerb gut spielen".

Mit seinem Spiel stimmt etwas nicht mehr, und mit seiner Liebe zur Musik auch nicht. Wenn sich im Test herausstellt, daß jemand nicht glaubt, daß er erfolgreich sein wird, suche ich gewöhnlich nach einer tiefersitzenden Angst vor Erfolg. Ich habe das immer wieder bei Medizinstudenten erlebt, die vor ihren Prüfungen mit „Prüfungsangst" zu mir kamen. In allen Fällen war es nicht die Angst zu Versagen, sondern die Angst vor Erfolg. Und so war es auch bei Daniel: wenn er sagte „Ich habe Angst zu versagen," testete er schwach, doch stark bei der Aussage „Ich habe Angst vor Erfolg“.

Bei Männern liegt dieser Angst vor Erfolg immer der unbewußte Haß auf den Vater zugrunde. Erfolg bedeutet, daß ein Mann bewiesen hat, daß er besser ist als sein Vater, und so fürchtet er die Vergeltung seitens des Vaters. In Daniels Fall ergaben Tests, daß er nicht nur seinen Vater haßt, sondern auch seinen Vaterersatz, seinen Lehrer. Der Antagonismus zwischen ihm und seinem Vater wird noch durch den Haß auf seinen Lehrer überlagert.

Aufgrund verschiedener kleinerer Zwischenfälle, die Daniel mit mir besprochen hat, vermute ich, daß das Problem mit einer unbewußten Feindseligkeit des Lehrers ihm gegenüber begann. Ich weiß, daß der Lehrer nicht mit der hohen Lebensenergie spielt, die Daniel hat, und ich vermute, daß der Lehrer neidisch auf Daniel ist, weil er in Daniels Spiel etwas hört, das seinem eigenem Spiel, wie er wohl spürt, fehlt. Dazu paßt auch das, was zur Zeit geschieht. Daniel erzählt, daß sein Lehrer ihm in keiner Weise bei der Vorbereitung auf den Wettbewerb geholfen hat. Stattdessen scheint er seine anderen Schüler, die auch an dem Wettbewerb teilnehmen, zu bevorzugen. Seine letzten Worte an Daniel gingen in die Richtung, daß seine Technik mangelhaft sei, er aber vielleicht Glück haben werden – und das nach acht Jahren Unterricht! Dies drückt sicher auf Daniels Selbstbewußtsein und mag sehr wohl ein Faktor seiner gegenwärtigen negativen Einstellung dem Wettbewerb gegenüber sein, hinter der sich seine Angst vor Erfolg verbirgt. Unbewußt fürchtet er, daß alles jetzt noch schlimmer kommen könnte; wenn er nämlich gegen die Meinung seines „Vaters“ Erfolg hat, wird auch die gefürchtete Vergeltung größer sein.

Bei Daniel hat es für mich immer etwas gegeben, das nicht zu seiner Erscheinung paßt, und zwar einen kleinen Spitzbart, der ihm überhaupt nicht steht. Während wir versuchten, all seinen Ärger mit dem Lehrer zu entwirren, mußte ich ständig auf diesen Bart schauen. Plötzlich fiel mir auf, daß er den gleichen Bart wie sein Lehrer trug. Er hat sich unbewußt mit seinem Lehrer identifiziert – und mit dessen negativer Einstellung ihm gegenüber. Ich schlug ihm vor, den Bart abzunehmen. Das würde ihm helfen, unabhängig zu werden und den Einfluß des Lehrers zu durchbrechen. Wenn ich es auch Daniel nicht sagte, wußte ich doch, daß das Wegrasieren eines Spitzbartes verschiedene ödipale Untertöne hat, genau wie seine Beziehung zu Lehrer und Vater.

Überraschenderweise war Daniel einverstanden und nahm sich den Bart mit einem Rasiermesser ab. Mit blutigem Kinn kam er aus dem Badezimmer. Er hatte wirklich ödipale Probleme! – doch er hatte es geschafft. Er sagte, er fühle sich irgendwie anders, freier. Ich bat ihn, dieselben Werke wie vorher zu spielen. Wir alle hörten eine große Veränderung in seinem Spiel. Viel mehr Energie und Vitalität lagen darin, aber auch eine neue Leichtigkeit und Anmut. Sein Spiel war viel reifer, wie Daniel selbst. Er konnte den Unterschied hören und war völlig verblüfft. Vorsichtig berührte er sein Kinn und sagte verwirrt: „Ja, es macht schon einen Unterschied.“ Bei erneutem Test erwies sich alles, bei dem er vorher schwach war, als stark. Er hatte sich von seinem Lehrer befreit und sah ihn nicht mehr als Vater oder als Gott, nicht als perfekt oder angsteinflößend, sondern einfach als jemanden, der mehr oder weniger weiterhelfen konnte.

Daniel hätte nie zu ihm gehen und der Lehrer ihn nie als Schüler akzeptieren sollen. Von Anfang an rief etwas an ihm in Daniel große Angst und Negativität hervor; andererseits provozierte etwas an Daniel den Neid des Lehrers. Diese Probleme sind in den ganzen Jahren seit ihrem ersten Zusammentreffen nicht gelöst worden. Wäre dies geschehen oder hätte Daniel einen Lehrer gefunden, bei dem dergleichen nicht entstanden wäre, wäre es für beide besser gewesen. Viele Schüler-Lehrer-Beziehungen, sei es in der Musik oder in irgendeinem anderen Bereich des Lernens, sollten untersucht und korrigiert werden. Wäre dies in einem frühen Stadium der Beziehung zwischen Daniel und dem Lehrer geschehen, hätte Daniel sowohl als Persönlichkeit als auch als Musiker früher reifen können. Ich glaube auch, daß dabei der Neid des Lehrers zurückgegangen und er so ein besserer Lehrer und Musiker geworden wäre.

Duette und Dominanz

Joyce und Ted sind seit über zwanzig Jahren verheiratet. Beide sind hervorragende, sehr energiestarke Musiker und haben über die Jahre hinweg Hunderte von Malen gemeinsam konzertiert. Zu meiner Überraschung sagte Ted, daß er, wenn sie zusammen spielten, Joyce hemme, was sie sofort bestätigte. Ich hörte mir deshalb verschiedene Aufnahmen von ihr an, einmal mit ihm, dann mit anderen Mitspielern. Der Unterschied war in der Tat offensichtlich. Es stimmte etwas nicht, wenn sie mit ihrem Mann spielte. Außerdem testete sie stark bei der Aussage „Ich spiele gern im Duett", jedoch schwach bei „Ich spiele gern im Duett mit Ted".

Ted ist eine starke, dominante Persönlichkeit. Ich kenne kaum jemanden, der mehr über Musik und Aufführungspraxis weiß als er. Joyce, deren Ideen wahrscheinlich ebenso begründet sind, bereitete dies sichtliche Schwierigkeiten. Ted redet wesentlich mehr als sie. Ich hatte den Eindruck, daß sie sich von ihm dominiert fühlte und als ich danach fragte, lachte sie und sagte: „Da können Sie aber Gift darauf nehmen, daß ich mich dominiert fühle. Ted strahlt viel Kraft aus. Alles muß nach seinem Kopf gehen." Ted beteuerte, dem wäre gar nicht so, für Joyce aber war es sicherlich so. Ich testete sie und stellte fest, daß sie den Wunsch nach sexueller Überlegenheit hatte. Als sie sagte „Ich möchte Ted dominieren", testete sie stark. Als sie sagte „Es ist mir egal, wer von uns oben liegt", testete sie schwach. Das ist eine Form des Tests auf sexuelle Überlegenheit. Wir sprachen ausführlich darüber und stellten fest, daß das Problem weniger darin liegt, daß Ted sie dominiert, sondern darin, daß sie ihn dominieren möchte. (Ich bin sicher, daß der Grund dafür zumindest teilweise darin liegt, daß sie sich wirklich von ihm dominiert fühlt.)

Durch testen fand ich heraus, wann diese Veränderung eingetreten war. Es lag zwanzig Jahre zurück, am Hochzeitstag. Wir konnten sogar den Moment feststellen, in dem es passierte – unmittelbar nachdem die beiden zusammen den Hochzeitsmarsch gespielt hatten. Ted konnte sich kaum daran erinnern, doch Joyce erinnerte sich genau und weiß noch, wie sie sich fühlte. Sie hatte sich beim Musizieren geärgert, daß sie *sein* Arrangement spielten. Sie hatte gedacht: „Warum kann es nicht *unser* Arrangement sein, jetzt wo wir verheiratet sind."

Als die beiden weiter zurückdachten, erinnerten sie sich, daß Joyce sich in dem Jahr vor der Hochzeit nicht gehemmt gefühlt hatte, wenn sie zusammengespielt hatten. Von diesem negativen Erlebnis an ihrem Hochzeitstag hatte sie sich nie befreien können, und es hatte seitdem ihre gemeinsamen Aufführungen untergraben. Um es zu korrigieren, ließen wir die beiden sich hinsetzen und ein neues Arrangement für den Hochzeitsmarsch schreiben, diesmal jedoch ein *gemeinsames* Arrangement. Dann spielten sie es gemeinsam. Seitdem hat sich Joyces Zusammenspiel mit Ted deutlich verbessert. Sie fühlt sich nicht durch ihn gehemmt, und hört sich auch nicht so an. Beide sind nun ebenbürtig.

Die Katastrophe

Alles hatte großartig begonnen. Erik spielte den ersten Satz einer Beethoven-Sonate für Klavier besser, als ich ihn je zuvor hatte spielen hören. Doch nach einigen Minuten unterbrach ihn der Aufnahmetechniker wegen eines Bandproblems. Erik fing also noch einmal von vorn an. Am Ende des Satzes, als die Musik sich gerade in den Nebel der Stille auflöste, gerade in diesem Moment der Verzauberung, läutete das Telefon. Erik spielte den Satz also noch einmal. Dieses Mal hörten wir, mitten in einer kostbaren ruhigen Passage, einige Leute im Gang sprechen. Also fing er wieder von vorn an. Der Hausmeister draußen im Flur mißachtete die Ruhe fordernden Hinweisschilder und knallte seinen Metalleimer mit Wucht auf den Boden. Wieder von vorn. Schließlich gab es keine Unterbrechungen mehr, und die gesamte Sonate wurde aufgenommen, um als Schallplatte herausgebracht zu werden.

Dann begann er mit einer weiteren Sonate für die Rückseite der Schallplatte. Wegen eines mechanischen Problems am Klavier gab es wieder zahlreiche „Fehlstarts". Alles mußte unterbrochen werden, während wir auf den Klavierstimmer warteten. Als er dann die Saiten stimmte, rissen zwei.

Was jetzt? Erstens hatte der Stimmer keine Ersatzsaiten bei sich, und es würde mehrere Stunden dauern, um sie zu besorgen. Der Aufnahmezeitplan war sehr eng. Zweitens: selbst wenn er die neuen Saiten eingesetzt hätte, hätten sie ständig neu gestimmt werden müssen, das Klavier wäre also einige Tage, bis sich die Saiten angepaßt hätten, für Aufnahmen nicht geeignet gewesen. Wenn wir das Klavier durch ein anderes ersetzt hätten, hieß das, daß wir die erste Sonate noch einmal aufnehmen mußten; sonst wäre der Klang der beiden Schallplattenseiten verschieden. Der Aufnahmetechniker sagte: „Gut, es gibt kein anderes Wort dafür. Wir haben ein totales Desaster."

Wie ging es dabei Erik? Trotz all dieser Störungen im Verlauf des Tages, all dieser Unterbrechungen, Neuanfänge und dieser letzten Katastrophe war er ein Vorbild an Gelassenheit gewesen; lächelnd tat er seine Arbeit und machte, was man von ihm erwartete – in seinen Worten: es Beethoven zu ermöglichen, durch ihn zu den Zuhörern zu kommen.

Wir holten das andere Klavier. Trotz vieler Probleme mit der Mechanik spielte Erik sofort die beiden Beethoven-Sonaten besser, als er sie je in all den Jahren, in denen ich ihn erlebt habe, gespielt hat. Es gab ein oder zwei kleinere Unterbrechungen, die nahm er lächelnd hin und fing noch einmal an. Als die Aufnahme beendet war, waren wir uns alle einig, daß die „Katastrophe" gewissermaßen ein Segen gewesen war, denn er schien mit dem zweiten Klavier trotz der mechanischen Probleme besser zurecht zu kommen. Um all die Störungen des Tages zu überwinden, war er zu Höhen aufgestiegen, die er nie zuvor erreicht hatte. Aus der Tragödie war dank seiner Hingabe ein Fest zu Ehren der Musik geworden.

Ich habe viele andere Musiker erlebt, die schon bei weit geringeren Problemen ärgerlich wurden, den Raum verließen, die Aufnahme absagten, schrien, mit den Füßen auf den Boden stampften usw. Ich habe beobachtet, wie sie immer gestreßter wurden und ihre Arbeit immer schlechter, bis schließlich das, was am Ende herauskam, fast wertlos war. Erik jedoch überwand mit Liebe und äußerster Hingabe an die Musik all diese „Tragödien". Er blieb völlig streßfrei, völlig gelassen, hatte immer das Ziel vor Augen, sein Bestes für Beethoven zu geben, für die Musik, für die Zuhörer, für seine Mitmenschen.

Worin liegt der Unterschied zwischen Eriks Reaktion und der eines launischen Künstlers? Ich glaube, darin, daß Erik in keiner Weise sein Ego in die Aufnahme eingebracht hat. Er empfand die Rückschläge nicht als persönliche Angriffe. Er wußte, was er wollte. Er wußte, daß Beethoven durch ihn spielte, wußte, so sollte es geschehen. Mit Vertrauen und Glauben verhalf er der Musik zum Ausdruck. Aufgrund seiner Liebe zur Musik und seiner totalen Hingabe blieb er völlig streßfrei.

Wie ich im Saal saß und die letzten Noten der zweiten Sonate verklangen, wurde mir bewußt, daß Erik mir und vielleicht den meisten von uns einen Weg aufgezeigt hat, wie man mit dem Leben umgehen kann. Jeden Tag scheinen wir mit „Tragödien" konfrontiert. Und wenn es jeden Tag nur darum geht, unser Ego in den Vordergrund zu stellen, dann werden wir von jedem einzelnen Tag gestreßt. Wir ärgern uns, und unsere Kreativität wird beeinträchtigt. Wir leiden, die um uns herum leiden, unsere Arbeit leidet. Wenn wir uns selbst aber aus dem, was wir machen, heraushalten, und mit völliger Hingabe nur nach unserem Vermögen das tun, was richtig und gut ist, benötigen wir allein Zuversicht, Glauben und Vertrauen, um zu wissen, daß uns nur das Beste geschehen kann, auch wenn wir mitten in einer Aufnahme das Klavier wechseln müssen. Wir können auf jeden Tag zurückschauen und sagen, daß es keine Tragödien gegeben hat, nur Neuanfänge, die uns ständig auf unserem Weg voranbringen.

Eine Anmerkung zum „Streben nach Höherem" („Aspiration")

Wir applaudieren bei Kirchenmusik nicht, weil wir erkennen, daß der Musiker sie für einen höheren Zweck spielt. Wir nehmen die Musik schweigend und dankbar auf und erkennen an, daß sie uns näher zu Gott gebracht hat.

Warum applaudieren wir dann bei Musik im Konzertsaal? Ist es vielleicht das Eingeständnis, daß der Musiker da ist, um sich unseren Applaus zu holen – und unser Geld? Applaus bringt die Musik auf die Ego-Ebene herab. Er nimmt dem höheren Zweck der Musik die Basis. Vielen liebevollen und erleuchteten Musikern wäre es lieber, wenn die musikalische Botschaft schweigend aufgenommen und anerkannt würde.

Bei einem Seminar demonstrierte ich einmal, welche unterschiedlichen Auswirkungen verschiedene Interpretationen der Werke eines Komponisten haben. (Ich verwendete für diese Demonstration absichtlich energieschwache Musiker. Ich zeigte, daß unter denselben Umständen einige Lieder bestimmte Probleme bei Testpersonen beheben können, während andere dies nicht tun. Die Lieder, die die korrigierende Wirkung erzielten, waren im Gegensatz zu den anderen religiöse Lieder.) Die Probleme wurden auch durch Aufnahmen korrigiert, die mit Amateurmusikern in einer Kirche aufgenommen worden waren; doch dieselbe Darbietung mit denselben Musikern, demselben weltlichen Werk – hat nicht diese Qualität, wenn sie in einem weltlichen Saal aufgenommen wurde.[1] Es fehlte das „Streben nach Höherem".

Nach Höherem streben („to aspire") bedeutet: „Das Begehren auf spirituelle Objekte lenken, und so findet es seine charakteristische Anwendung im Bereich von Ethik und Religion. In jedem dieser Bereiche ist es die Kraft, die zu spirituellem Fortschritt anregt, ein innerer Impuls, der die Menschen zur Entwicklung ihres höchsten Wesens und ihrer wahren Ziele als spirituelle Geschöpfe treibt."[2]

Um Ihnen eine Vorstellung von der Verwendung des Begriffs „Streben nach Höherem" in diesem Kontext zu vermitteln, erzähle ich Ihnen von zwei der bemerkenswertesten Frauen, die ich je getroffen habe, ich traf vor einem Woolworth-Kaufhaus in Manhattan auf sie. Sie waren beide blinde Straßensängerinnen. Ich lernte sie näher kennen und lud sie in meine Wohnung ein, wo ich in den folgenden achtzehn Monaten einen Großteil ihres Repertoires aufnahm. Sie waren in jungen Jahren aus Missouri gekommen, waren „Bibelsänger" gewesen und hatten ein Bibelprogramm bei einem winzigen Radiosender in New Jersey gestaltet. Inzwischen hatten sie ihre eigene kleine Kirche und Mission in Bedford-Stuyvesant. Eine von ihnen, Baybie, predigte und sang. Virginia spielte die Orgel und sang die zweite Stimme. Schließlich produzierte ich mit ihnen eine für den Handel bestimmte Aufnahme.[3] Jedes Lied der Aufnahme – die weltlichen wie die religiösen – besitzt die Qualität des Strebens nach Höherem.

Viele Komponisten haben mit wachsender Reife diese Qualität entwickelt. Andere hatten sie von vornherein. Sir William Waltons erstes Werk zum Beispiel ist wie auch alle folgenden von Streben nach Höherem gekennzeichnet. Darin ist er einzigartig unter den modernen Komponisten. Bei Wagner ist das religiöse Drama *Parsifal* das einzige Werk dieser Art. Eine Veränderung war eingetreten. Im Gegensatz zu seinen früheren Werken, in denen „das Heil durch die Liebe einer selbstlosen Frau erreicht wird", ist die grundlegende Botschaft von *Parsifal* die, daß „Wissen durch Mitleid zum Heil führt".[4] Er schrieb nicht für Geld oder Macht, sondern für etwas anderes. Dieses „andere" wurde sehr schön von Frances Densmore beschrieben, die viele Jahre lang die Musik der amerikanischen Indianer aufgezeichnet hat und eine große Expertin auf diesem Gebiet war. In ihrer Abhandlung „The Belief of the Indian in a Connection between Song and the Supernatural", sagt sie:[5]

> Ein wichtiger Bestandteil der indianischen Musik ist als Traumlied bekannt. Diese Lieder werden nicht komponiert, sondern kommen dem Indianer, wenn er sich in eine rezeptive Haltung versetzt. Hierin unterscheidet sich die Quelle der Lieder nicht von der Inspiration, die Komponisten unserer eigenen Rasse manchmal erfahren, doch die Verwendung des Liedes ist vollkommen anders. Unser Komponist sieht das Lied als mögliche Quelle für Applaus oder Reichtum, während es für den Indianer mit geheimnisvollen Mächten verbunden ist. Ein alter Indianer sagte mir: „Wenn ein Mensch etwas außerhalb menschlicher Macht tun soll, muß er mehr als menschliche Kraft besitzen." Für den Indianer ist der Gesang ein Mittel, mit dessen Hilfe jene Kraft zu ihm kommt.

Die Musik ist seine Art des Strebens nach Höherem.

1 Im allgemeinen beeinflußt bei einem professionellen Musiker der Ort, an dem kommerzielle Aufnahmen gemacht werden, nicht die Qualität des „Strebens". Vielleicht hat das Wunderbare und Ehrfurchtserregende einer Kirche weniger Wirkung auf den Künstler, wenn es „nur eine weitere Mucke" ist. Wenn ein Werk diese Qualität nicht besitzt, kann der Musiker sie ihm oft verleihen, indem er sich vorstellt, er spielte es in einer Kirche

2 James Hastings, ed. *Encyclopaedia of Religion and Ethics* (New York, 1909, Vol. II, S. 127.

3 „The Music fo Reverend Baybie Hoover + Virginia Brown," Philo Records Inc., erhältlich bei: „Institutes for the Enhancement of Life Energy and Creativity".

4 Stewart Robb, ed., *Parsifal.* G. Schirmer's *Collection of Opera Librettos* (New York, 1962), S. III

5 *Bureau of American Ethnology Bulletin* 151, 1953, S. 219

Die göttliche junge Flötistin

Über viele Jahre habe ich die Lebensenergie im Spiel zahlloser Musiker getestet. Wie oft habe ich einen Musiker gebeten, sein Instrument zu nehmen und etwas zu spielen. Ich habe sehr viel gelernt, indem ich einfach beobachtete und nachempfand, wie sie ihr Instrument nahmen und wie sie sich aufs Spielen vorbereiteten. Das steht in enger Beziehung zu dem, was ich dann herausfinde, wenn ich verschiedene Tests durchführe. Ein sehr erfahrener Lehrer, dessen Einstellung zur Musik meiner sehr ähnlich ist, sagt, er könne an der Art, wie ein Schüler seinen Instrumentenkoffer öffne, schon ablesen, wie gut er spielt und wieviel Lebensenergie sein Spiel enthält. Ich habe gehört, daß Jack Teagarden[1] ähnliches voraussagen konnte, indem er einfach beobachtete, wie der Musiker zum Vorspielen auf die Bühne geht.

Über die Jahre hinweg haben sich zwei getrennte, doch in gewissem Sinne eng zusammenhängende Erkenntnisse herauskristallisiert. Bei der ersten geht es um die Art, wie ein Musiker sein Instrument in die Hand nimmt. Einige greifen danach und nehmen es auf, als ob es ein Hammer oder eine Axt wäre – oder nicht einmal das, denn warum sollte ein Zimmermann seine Werkzeuge nicht lieben – sie scheinen es fast abzulehnen. Genauer gesagt, sie erfüllen es nicht mit Liebe. Oboisten, Klarinettisten oder Flötisten greifen oft mit einer Hand nach ihren Instrumenten und bringen sie dann so zum Mund, als ob sie es eigentlich lieber nicht täten. Diese Musiker erweisen sich beim Spiel immer als energieschwach. Energiestarke Musiker greifen oft mit beiden Händen nach dem Instrument, sie nähern sich ihm mit dem ganzen Körper und greifen nicht einfach danach. Sie nehmen es auf, als wäre es ein Baby, wiegen es, umarmen es fast und führen es dann zu den Lippen.

Es ist wichtig, sie zu beobachten und besonders zu *erfühlen*, was von ihnen ausgeht, wenn sie das Instrument in Position gebracht haben und im Begriff sind zu spielen. Der energieschwache, gestreßte Musiker beginnt oft einfach zu spielen. Einige der hysterischen Musiker machen Theater, sie wüßten nicht, was sie spielen sollen. Beide stehen im deutlichen Gegensatz zum energiestarken Musiker. Er hält, wenn auch nur kurz, inne, um sich zu sammeln, um eine präzise Entscheidung zu treffen, was er spielen wird. Er ruft den Geist der Musik herbei, hört ihn klar in seinem Kopf und gibt ihn dann an uns weiter. Das mag nur eine Sekunde dauern, aber ich fühle es jedes Mal. Bei ihnen gibt es einen Moment äußerster Ruhe und Heiligkeit, bevor die Musik entsteht. Ich teste Musiker oft in informellem Rahmen. In bestimmter Hinsicht wird der Unterschied zwischen den beiden Gruppen dadurch sehr deutlich. Schließlich spielen sie nicht vor einer Zuhörerschaft; warum sollen sie also versuchen die Musik klar in ihrem Kopf zu hören, bevor sie spielen. Sie werden nachlässig und enthüllen so ihr wahres Selbst sehr deutlich. In der Konzerthalle ist es ein wenig anders. Dort hält fast jeder Musiker inne, bevor er zu spielen beginnt, doch gewöhnlich denkt er nur an die Musik. Nur bei energiestarken Musikern kann man jenen Moment des Friedens, der äußersten Stille spüren, bevor die Musik fließt.

Ich werde nie ein junges Mädchen aus einer Flötenklasse, mit der ich einmal arbeitete, vergessen. Ich habe vielleicht ein Dutzend Studenten gebeten, ihr Instrument zu nehmen und etwas zu spielen. Wie allgemein üblich, griffen sie nach ihren Instrumenten, als ob sie dabei dächten: „Bringen wir's hinter uns." Dann führten sie die Instrumente an die Lippen und begannen einfach zu spielen. Dann aber bat ich dieses junge Mädchen zu spielen. Sie griff nicht mit der Hand nach der Flöte, sondern mit ihrem ganzen Körper. Sofort kam mir das Bild von Leonardos „Madonna und Kind". Sie führte die Flöte nicht zu den Lippen, als ob es auch ein Sandwich hätte sein können, wie die anderen. Obwohl es eine schnelle Bewegung war, schien sie eine Ewigkeit zu dauern. Es war ein sanfter Bogen. Ihre Bewegung war voller Anmut und Schönheit. Es schien, als ob sie bewußt nichts täte, an einem Ereignis teilnähme, von dem der ganze Planet wollte, daß es geschehe. Es war so natürlich, so unvermeidbar, so fließend, so im Einklang mit dem Universum.[2] Die zweite Phase war sogar noch wunderbarer. Es mag nur eine Sekunde gewesen sein, doch ich empfand, daß sie einen ungeheuren Frieden ausstrahlte. Sie war zentriert, war eins mit der Musik, vereint mit ihrem innersten Selbst und mit der Seele der Musik. Es war ein Augenblick der Ehrfurcht und der Heiligkeit, ein

Augenblick den ich nie vergessen habe. Das Wesentliche daran versuche ich bis heute allen meinen Schülern zu vermitteln.

Es gab keinen Grund, sie zu testen. Jeder von uns konnte in seinem Herzen die von ihr ausstrahlende Lebensenergie fühlen. Sie hatte noch nicht einmal gespielt, und brauchte auch nicht zu spielen. Alles was wir möglicherweise aus ihrer Musik ableiten konnten, hatte sie uns schon in jenem Moment gegeben, bevor die eigentliche Musik sich manifestierte. Sie hatte uns schon in den transzendentalen Zustand versetzt, den auch die Musik hervorrufen kann.

Sie sah sich selbst nicht so und konnte nicht verstehen, warum ich so entzückt war von dem, was sie getan hatte. Es war für sie ihre natürliche Haltung, die einzige Haltung, die Haltung der göttlichen jungen Flötistin.

1 Jazzposaunist und Sänger (1905–1965)

2 Ich glaube, es ist kein Zufall, daß sie als einzige aus der ganzen Gruppe Schülerin der Alexander-Technik war, denn man lernt dabei, sich seinem Instrument zu nähern. Die Art, wie sie sich sammelte, ist ebenso in der Alexander-Lehre enthalten. Sie wird *Inhibition* genannt.

Wenn ein Musiker die Musik aufgeben will

Ich traf Jane als jungen Teenager und hatte regelmäßig Kontakt mit ihr, während sie die zwanziger durchschritt und in die dreißiger ging. Ich möchte Ihnen von ihrer Erfahrung mit Musik berichten.

Ihre Eltern bestanden darauf, daß sie Klavier spielen lernte. Sie selbst spielten kein Instrument und hatten auch nur sehr wenig Interesse an Musik, doch sie entschieden, daß sie Klavier spielen solle, da man es von ihr erwartete, und die Töchter ihrer Freunde auch alle Klavier spielten. Sie kauften also ein sehr teures Klavier für sie und stellten es, wie es sich gehört, im Wohnzimmer auf. Sie nahm Unterricht. Viele Noten wurden für sie gekauft, alle in Leder gebunden und mit ihren in Gold aufgeprägten Initialen versehen. Ab ihrem zehnten Lebensjahr übte sie jeden Tag; oder besser gesagt, wurde sie gezwungen zu üben. Und sie übte mit großer Mühe und Hingabe.

Als sie etwa fünfzehn war, schaute ich ihr oft beim Spielen zu. Üben bedeutete für sie immer Arbeit. Sie lächelte nie. Sie schien es nie zu mögen, obwohl sie – fast mechanisch – Fortschritte machte. Ich saß oft da, beobachtete sie und wünschte so sehr, ich könnte selbst spielen (mir waren die Gründe, warum ich es nicht einfach anfing, klar, aber das ist eine andere Geschichte), und es brach mir fast das Herz, zu sehen, daß es ihr keine Freude bereitete.

Am herzzerreißendsten war jedoch, daß jedes Mal, wenn sie eine falsche Note spielte, ihre Mutter in der Küche aufkreischte und zuweilen sogar ins Zimmer lief und sie anschrie. Manchmal weinte sie dann und übte danach „mit noch größerer Anstrengung", doch bei der nächsten falschen Note schrie ihre Mutter sie wieder an. Und so ging es immer weiter.

Dann beschloß ihre Mutter, daß Jane nun gut genug spielte, um ein Konzert zu geben. Also wurde ein Wohltätigkeitskonzert arrangiert. Es sollte im palastähnlichen Haus ihrer Eltern stattfinden, und neben Jane sollten noch eine Reihe von professionellen Pianisten spielen. Die Mutter wählte das Programm für sie aus, und Jane stimmte zu. Die Mutter sagte, daß sie auswendig spielen müsse, und ich sah, wie Jane vor Angst kreidebleich wurde. „Das kann ich nicht", stammelte sie. Sie bedauerte, sie müsse Noten haben, doch die Mutter sagte ihr, die professionellen Musiker spielen auch nicht nach Noten, also würde sie es genauso machen. Eine tränenreiche Szene folgte, doch die Mutter blieb hart. Unmittelbar bevor sie spielen sollte, bat sie ihre Mutter noch einmal, nach Noten spielen zu dürfen, doch die Mutter blieb hart. Also setzte sich Jane ohne Noten ans Klavier, direkt nach den schönen Darbietungen zweier professioneller Pianisten. Sie hatte kaum eine Minute gespielt, als ihr armes, gestreßtes Gedächtnis sie im Stich ließ, und sie weinend aus dem Zimmer lief. Ihre Mutter war wütend auf sie und schalt sie vor allen Gästen.

Darauf änderte sich etwas. Sie spielte überhaupt nicht mehr, und ihre Mutter bestand auch nicht mehr darauf. Durch das Versagen und die Demütigung war sie aus der Sklaverei ausgebrochen. Noch Jahre später spielte sie nie mehr als ein paar Takte auf dem Klavier. Ihr armer Ehemann kaufte ihr ein Klavier und nahm es bei mindestens sechs Wohnungsumzügen mit. Ich erinnere mich, wie oft er sie bat, ja fast mit tiefer Liebe und Hoffnung anflehte, etwas für ihn zu spielen, doch sie weigerte sich. Nach der Geburt ihrer Kinder bat er sie, Kinderlieder für sie zu spielen, doch vergeblich. Die Kleinen spielten auf der Tastatur herum, und er hoffte verzweifelt, daß sie die Kinder auf die Knie nehmen und etwas mit ihnen spielen würde, aber es geschah nie. Auch wenn er eine Schallplatte hörte und sie dazu brachte, sich zu ihm zu setzen und mitzuhören, schlief sie regelmäßig ein. Ihre Liebe für die Musik war völlig erstorben.

Ich glaube nicht, daß es in ihr nie wieder Liebe für die Musik gab; ich habe noch nie ein Kind erlebt, das Musik nicht gemocht hätte und nicht von ihr verzückt gewesen wäre. Aber ich habe viele Kinder erlebt – und Jane ist eines davon –, deren Liebe zur Musik von den Eltern für immer abgetötet wurde. Kann es eine größere Tragödie geben?

*

Lisas Ehemann erzählte mir, wie enttäuscht er darüber sei, daß sie so selten Klavier spielte. Wie Janes Mann hatte er ihr bald nach der Heirat ein Klavier gekauft, doch sie benutzte es kaum. Sie spielte ein paar Hymnen, doch beide wußten, daß irgendetwas fehlte. Als sie jünger war, hatte sie sehr viel gespielt und es sehr gern gemocht. Er kaufte ihr alle Noten, die sie früher gespielt hatte. Zuweilen versuchte sie sich halbherzig an einigen Werken, doch irgend etwas stimmte nicht. Sie war nicht mit dem Herzen dabei.

Sie bat mich, sie zu testen und festzustellen, was bei ihr schiefgelaufen war. Ihr Ehemann sagte: „Natürlich liebt sie Musik, sie hört die ganze Zeit Musik. Sie ist so musikalisch wie nur irgend jemand. Es ist nicht, daß sie Musik nicht mag. Ich glaube, sie mag es nicht, zu *spielen*." Ich ließ sie also, „Ich spiele gern Musik" sagen und sie testete schwach. Hier lag der Streß, wie es ihr Mann vermutet hatte. Sie mochte Musik, doch sie wollte sie nicht spielen. Mit Hilfe weiterer Tests fanden wir bald heraus, daß diese Veränderung eingetreten war, als sie elf Jahre alt war. Damals hatte sie ihre Liebe fürs Musizieren verloren. Was war geschehen? Sie begann zu weinen, mit Schluchzern, die aus weiter Ferne kamen. Und dann erzählte sie mir von Pro.

Lisas Eltern waren recht arm. Ihre Mutter spürte Lisas Liebe für die Musik, und als sie acht war, mieteten sie ihr ein Klavier. Es war kein gutes Klavier, doch es war alles, was sie sich leisten konnten, und es wurde ihr mit viel Liebe gegeben. Wie die meisten Kinder nahm sie Unterricht bei einer Frau aus der Nachbarschaft. Allmählich entwickelte sie eine gewisse Technik, doch viel war nicht daran. Da sie ein sehr sensibles Kind war, wußte sie das auch. Da hörte ihre Mutter von einem Lehrer mit dem Spitznamen Pro, einem alten Mann in den Siebzigern. Er war vierzig Jahre lang Musiklehrer an der örtlichen Universität und Chorleiter an einer größeren Kirche gewesen. Man traf sich in seinem kleinen Studio im Stadtzentrum, und sie spielte für ihn. Damals war sie etwa neun Jahre alt. Ich kann sie deutlich vor mir sehen, wie sie da in ihrem kurzen Kleidchen sitzt, mit den Füßen kaum an die Pedale kommt und mit all der Intensität, Hingabe und Liebe spielt, die sie auch in so viele andere Lebensbereiche einbringt. Pro muß das gespürt haben, er reagierte darauf und schlug ihr vor, nicht in sein Studio im Stadtzentrum zu kommen, sondern bei ihm zu Hause Unterricht zu nehmen, ein ehrenvolles Privileg, das er in all den Jahren keinem anderen Schüler gewährt hatte. Also ging Lisa jede Woche zum Unterricht in Pros Haus, mit all ihrer Leidenschaft und Begeisterung.

Pro war ein außergewöhnlicher Mann. Er lebte in einem großen Haus mit Blick auf eine kleine Bucht. Schon damals, vor ungefähr dreißig Jahren, beschäftigte er sich intensiv mit alternativer Energie, hatte schon mit einer Solarheizung experimentiert. Auf seinem Grundstück stand eine Windmühle, mit der er Strom erzeugte. Das oberste Geschoß hatte er in einen Gymnastikraum verwandelt, in dem er trotz seiner siebzig Jahre jeden Tag trainierte, denn seiner Meinung nach mußte ein Musiker geistig, körperlich und seelisch fit sein. Lange bevor es Mode wurde, aß er Vollwertkost. Und er liebt Katzen. Es gab viele Katzen um sein

Haus herum, und er lehrte Lisa, Katzen zu lieben – eine Liebe, die ihr ganzes Leben hindurch angehalten hat. Durch die tiefe Freundschaft, die sich zwischen ihnen entwickelte, brachte er ihre Liebe für die Musik ans Licht und ließ sie wachsen. Jedesmal wenn sie übte, stellte sie sich vor, sie spiele für ihn. Sie übte gern, und spielte gern. Pro arrangierte für sie viele Konzerte, die ihr großen Spaß machten. Sie war verliebt in die Musik und verliebt in Pro. Als sie mir das erzählte, sah ich sie vor mir, wie sie in seinem Haus im Sonnenschein badete und vor Kraft, Energie und Liebe strahlte.

Eines Abends gaben die Stadtväter für Pro als Zeichen der Anerkennung ein Essen und schenkten ihm einen symbolischen Schlüssel für die Stadt. Mitten im Dinner flüsterte er seiner Frau zu, daß er sich nicht wohl fühle und für einen Moment nach draußen gehe. Er drückte ihre Hand und sagte: „Halte die Stellung!“ Auf dem Flur brach er zusammen. Der Krankenwagen kam, und der Krankenpfleger wollte ihm die Sauerstoffmaske anlegen. Pro winkte ab und sagte ruhig: „Meine Zeit ist gekommen.“ Dann starb er.

Lisa hat seinen Tod nie verkraftet. Ihre Sonne war verfinstert und hat nie wieder geschienen. Sie war danach bei verschiedenen anderen Klavierlehrern, aber sie waren nicht wie Pro. Sie besaßen nicht die selbe Liebe zur Musik, die Liebe zum Leben. Allmählich hörte sie auf zu spielen, nahm immer seltener Stunden. Als sie sechzehn wurde, spielte sie kaum noch. Jetzt, zwanzig Jahre später, litt sie noch immer unter seinem Tod, und wollte immer noch nicht wieder spielen. Als ihr das klar wurde, erkannte sie, wie stark Pros Tod sie zurückhielt und daß dies das letzte gewesen wäre, was er gewollt hätte. Sie begann wieder zu spielen – für Pro und für ihre Familie. Jetzt spielt sie wieder sehr gern.

Eine musikalische Welt

Stellen Sie sich eine Musikwelt vor, in der die meisten öffentlich auftretenden Musiker die Musik nicht lieben – nicht nur die Musik, die sie spielen, sondern keine Art von Musik. Und stellen Sie sich vor, jeder von ihnen glaubt, daß er oder sie der größte Musiker der Welt sei, und jeder von ihnen glaubt, er oder sie sei von viel größerer Bedeutung als der Komponist, dessen Musik sie der Öffentlichkeit bringen.

Stellen Sie sich vor, daß die Schallplattenhüllen, das Werbematerial und die Fotos dieser Musiker in den verschiedenen Musikzeitschriften hinausschreien: „Ich, ich. Schaut mich an! Ich bin der Größte!“ Stellen Sie sich weiter eine Welt vor, in der auch die Musikkritiker, die Wächter und Beschützer unseres musikalischen Erbes, gerade die Musik, für die sie liebevoll sorgen sollen, nicht lieben. Stellen Sie sich vor, daß sie mit jeder Kritik fordern: „Vergessen Sie den Komponisten! Vergessen Sie den Musiker! Hören Sie mir zu! Mir! Mir!“

Und stellen Sie sich vor, daß auch das Management der Konzertsäle und die Manager und Künstler die Musik nicht lieben. Und stellen Sie sich weiterhin vor, daß die Schallplattengesellschaften, die Tontechniker und die Schallplattenproduzenten die Musik nicht lieben.

Wenn Sie diesen Gedankengang weiterführen möchten, so stellen Sie sich vor, daß die meisten

Menschen, die Notenbücher über Musik und Schallplatten verkaufen, die Musik nicht lieben. Und denken Sie an die Öffentlichkeit, die mit Werbung bombardiert und einer Gehirnwäsche unterzogen wird, das Opfer dieser negativen Einstellungen.

Stellen Sie sich schließlich, als größten Alptraum vor, daß auch die meisten Komponisten in dieser Musikwelt die Musik nicht lieben.

Wenn ich aus all den Jahren in denen ich umfassende Tests mit Leuten aus der Musikwelt durchgeführt habe, die Schlußfolgerung ziehe, so muß ich sagen: Das ist unsere Musikwelt.

Letztendlich wird diese unechte Struktur zusammenbrechen, denn sie ist aus den eigennützigen Egos kleiner Menschen geformt. Sie ist nicht ehrlich und naturgemäß. Um der Musik willen und um unserer Zivilisation willen müssen wir versuchen, diese Musikwelt zu überwinden.

Ein Blick auf die moderne Musik

Ich glaube, ich beginne zu verstehen, warum so wenige Komponisten der modernen Zeit sich im Test als energieschwach erweisen.

Lassen Sie mich Ihnen von einem Seminar erzählen, das ich an einem Institut für moderne Musik abhielt. Als Teil meiner Demonstration spielte ich ein Tonband mit einem Auszug aus Beethovens Neunter Symphonie. Plötzlich erkannte ich an den ausdruckslosen Gesichten der Zuhörer, daß sie das Werk nicht erkannten. Ich unterbrach und fragte, wer das Werk kenne. Von den 140 Studenten und Professoren konnten es nur drei identifizieren. Noch überraschender waren die Reaktionen, als wir dieses Ergebnis diskutierten. An anderen Schulen, die nicht auf die Avantgarde-Musik ausgerichtet sind, würden sich die Musiker, die Beethovens Neunte nicht identifizieren können, entschuldigen, doch hier wurden sie streitsüchtig. Ich sagte: „Wie ist es möglich, dies ist ein Zentrum für Musik, aber keiner von Euch Musikern erkennt Beethovens Neunte? Das ist wichtiger als alles andere, was wir diskutieren können", und sah plötzlich in verärgerte Augen. Ich wurde angegriffen, weil ich in der Tatsache, daß sie Beethoven nicht kannten, ein Problem sah. Es kamen Bemerkungen wie: „Ich hasse die Wiener Gesellschaft, für die Beethoven steht." „Beethoven ist mir zu aggressiv." „Er ist heute nicht mehr relevant." (Wann kann Liebe nicht mehr relevant sein?) Ein Komponist sagte ganz offen: „Ich hasse sowieso jede Art von klassischer Musik." Dafür, daß sie Beethovens Neunte nicht kannten, gaben die Berufskomponisten Gründe an wie: „Ich höre nie Schallplatten" und „Ich habe keine Stereoanlage". Ein anderer sagte: „Warum sollen wir überhaupt Beethoven hören? Er ist tot!" Andere sagten, es gebe so viel Musik auf der Welt, Gamelanmusik, mikrotonale Musik etc., warum sollten wir uns auf Beethoven konzentrieren? Und warum sollten wir ihn hören? Er würde sowieso nicht die Probleme der Welt lösen. Und welches Recht ich hätte, zu bewerten, welche Musik gut und welche schlecht sei und wer gehört werden solle und wer nicht? Sie sagten, ich sei faschistisch und selbstherrlich, wenn ich sagte, daß Beethoven wichtiger sei als moderne Musiker aus ihrer Gegend, deren Namen ich noch nie gehört hatte. Einer ging sogar so weit zu sagen, daß er seit vierzig Jahren Musik komponiere und Beethoven *ihm* nicht zuhöre. Was für ihn anscheinend impliziere, seinerseits Beethoven nicht zu hören. Was ich da erlebte, war eine Generalattacke auf Beethoven. Es tat ihnen alles andere als leid, daß sie ihn nicht erkannten; sie wollten ihn nicht erkennen. Sie verhielten sich wie ein Rudel Wölfe, das ein wehrloses Opfer jagt, und ich übernahm die für einen Nicht-Musiker sehr sonderbare Rolle, Beethoven zu verteidigen, – und von allen Komponisten hat Beethoven vielleicht am wenigsten Verteidigung nötig. Ich gab zu bedenken, daß im Schallplattenkatalog sechsundvierzig Aufnahmen von Beethovens Neunter aufgeführt seien, daß er also offensichtlich populär sei. Natürlich wurde ich daraufhin angegriffen, ich unterstellte, Popularität habe etwas mit Wert zu tun. Ich wies darauf hin, daß es zumindest ein Beispiel für die Musik unserer Gesellschaft sei und daß sie, wenn sie für unsere Gesellschaft zu komponieren gedächten, wissen sollten, was unsere Gesellschaft mag und schätzt. Man sagte mir, das sei unwichtig. Ich wandte ein, Beethovens Neunte stände wie ein aufragender Berg in der Geschichte der Musik, und daß wir in den Tälern blieben, wenn wir sie ignorierten. Dies schien starke Verärgerung bei ihnen hervorzurufen.

Ich sagte, ich könne mir nicht vorstellen, daß ein Künstler nicht die Decke der Sixtinischen Kapelle erkennen würde, und ich könne nicht verstehen, daß ein Musiker Beethovens Neunte nicht kenne, einen der Grundsteine unserer Musikkultur und unseres Musikerbes. Die Antwort war: „Was kümmert uns unser kulturelles Erbe? Es kommt darauf an, was wir *heute* in unserer Gesellschaft machen; das ganz allein ist wichtig." Aus dieser Bemerkung zusammen mit den Beschimpfungen, mit denen der arme, wehrlose Beethoven überschüttet wurde, verstand ich allmählich, warum diese Gruppe – und vielleicht kann man vor ihr auf die meisten anderen Avantgarde-Komponisten schließen – so selten energiestarke Musik schreiben.

Ein Freund von mir hat einmal einen Kurs über Dichtung an einer Universität belegt. Am ersten Tag gab der Professor bekannt, sie würden mit Keats beginnen. Sofort protestierte ein Student:

„Ich möchte Keats nicht hören. Ich mache mir nichts aus ihm oder irgendwelchen anderen Dichtern. Sie sind alle tot. Ich möchte *meine* Gedichte lesen." Alle anderen Studenten stimmten zu, nur mein Freund nicht. Anstatt Keats zu verteidigen, wie ich Beethoven zu verteidigen versucht hatte, kapitulierte der Professor (er war vielleicht weiser als ich). Also machten die Studenten während des gesamten Kurses „ihr eigenes Ding". Doch die Gedichte, die sie hervorbrachten, waren grauenhaft. Sie waren nicht gewillt, von ihren Vorgängern zu lernen. Sie wollten die Größe oder den Wert eines anderen außer ihnen selbst nicht anerkennen. Wie Cervantes sagt: „Bescheidenheit ist eine Tugend, die man nicht oft unter Dichtern findet, denn fast jeder von ihnen hält sich selbst für den Größten der Welt."

Zur näheren Untersuchung führte ich mit der Gruppe der modernen Komponisten zwei Tests durch. Zunächst bat ich sie zu sagen „Ich mag Musik gern", und fast alle von ihnen testeten schwach, wie ich es bei energieschwachen Komponisten und Musikern gewohnt bin. Dann ließ ich sie sagen: „Ich mag Beethoven", und alle testeten schwach. Hätte ich sie gebeten, die Aussage umzudrehen und zu sagen: „Ich hasse Beethoven", hätten sie alle stark getestet. Jetzt wußte ich, warum sie so verärgert über mich waren. Ich repräsentierte all das, was sie an Musik haßten. Sie haßten Beethovens Genialität. Sie haßten das, was er vollbracht hatte. Sie haßten die Tatsache, daß er ein Pionier war, der den Weg bahnte – und Erfolg hatte. Sie waren voller *Neid.* Mir wurde bewußt, daß dies Problem nicht speziell mit Beethoven zu tun hatte. Es betraf alle vorhergehenden Generationen und alle großen Komponisten. Bei Bach erhielten wir dieselbe Reaktion und auch bei Brahms. Alle waren sie bedeutend, berühmt, hervorragend und gehörten der älteren Generation an, und diese Avantgarde-Komponisten wußten in ihrem Herzen, daß sie nie so groß sein würden. Ich hatte es mit nacktem Neid zu tun. Hier gab es nicht den Wunsch, auf Beethoven oder Brahms aufzubauen, so wie Beethoven auf Haydn und Brahms auf Beethoven aufgebaut hatte. Hier war der Wunsch, die älteren zu zerstören: „Wir sind die erste Generation, laßt uns den Vater töten!"

Diese „Musiker" versuchen, eine neue Musik aufzubauen, ohne sich auf die Schultern all ihrer großen Vorgänger zu stellen. Sie wollen sie zerstören und von Grund auf neu beginnen, wobei Sie alles Vorhergegangene ignorieren. Ein Komponist sagte: „Das hat doch Beethoven auch gemacht. Er hat bei keinem Unterricht genommen." Das stimmt natürlich nicht, aber dieses Bild hatte sich bei ihm entwickelt. Aus haßerfülltem Neid wollte er die Vergangenheit ausklammern. Diese modernen Komponisten leugneten allen Ruhm unseres musikalischen Erbes. *Sie* müssen die ersten sein, und *sie* müssen die größten sein. Aber Musik, die aus Neid komponiert wird, wird nirgendwo hinführen, weil sie im Grunde genommen eine Botschaft des Hasses ist, nicht der Liebe.

In meinem Plädoyer für Beethoven sagte ich,

sein Adagio sei zweifellos das großartigste Adagio, das je geschrieben wurde. Und die Antwort war: „Wen kümmern schon Adagios?“ Ich sagte ihnen, daß Ernest Newman[1] zufolge Beethoven in seinen langsamen Sätzen am stärksten sein Herz ausschütte. Die vielleicht bedeutendsten Botschaften der Liebe, die je in Form von Musik ihren Ausdruck gefunden haben (zumindest in unsere Zivilisation), sind in Beethovens langsamen Sätzen zu finden, von denen das Adagio der Neunten die Apotheose ist. Doch sie wollen diese unvergängliche Liebe zerstören. Ein professioneller Musiker und Komponist in der Gruppe erwiderte scharf: „Also gut, aber niemand kennt den langsamen Satz, und es ist auch jedem egal.“ Als er es sagte, fuhr ein Gefühl der Kälte durch mein Herz. Sie behaupten gegenüber der Welt, sie seien Musiker und Komponist, doch gibt es in ihnen keine tiefe Liebe und kein Gefühl der Dankbarkeit für jene, die vor ihnen da waren, für ihre „Eltern“. Ihre Musik kann nie Erfolg haben. Ein Mensch, der reine Liebe zerstören möchte, kann nicht die Musik lieben, kann nicht sich selbst lieben, kann nicht die Zuhörer lieben für die er komponiert. Ich sagte der Gruppe, daß wir keine gemeinsame Basis hätten, und wir gingen auseinander.

Einige Tage später testete ich einen Musiker, der sich auf die Interpretation moderner Musik spezialisiert hat und der schon viele Werke uraufgeführt hat. Er ist einer der am meisten avantgardeorientierte Interpret unserer Generation. Sein gesamtes Repertoire besteht aus modernen Werken, er spielt keinen Komponisten vor Schönberg. Ich ließ ihn sagen: „Ich mag Brahms"; er testete schwach, ebenso bei Beethoven, Bach und Haydn. Er sagte, er hasse es, irgend etwas von ihnen zu hören. Er mochte sie einfach nicht, Punkt um. Wir testeten zwanzig Komponisten, die vor Schönberg gelebt haben, und er mochte keinen von ihnen. Dann testete er stark beim späten Schönberg, bei Berg und Webern und bei den meisten modernen Komponisten. Ich konnte verstehen, daß jemand, sagen wir einmal, Berg und Webern und gleichzeitig Beethoven und Bach mag. Aber nur die modernen Komponisten und keinen der älteren zu mögen, erschien mir unnatürlich. Ein negativer Faktor schien eine Rolle zu spielen. Ich dachte an meine jüngsten Erfahrungen an der Schule für moderne „Musik" und ließ ihn sagen „Ich liebe meinen Vater". Er testete schwach. Ich bat ihn zu sagen „Ich möchte meinen Vater umbringen"; er testete stark. Er sagte: „Ich würde nicht so weit gehen und meinen Vater umbringen wollen, aber es hat über die Jahre hinweg sehr starke Feindseligkeiten zwischen uns gegeben." Ich glaube, diese Feindseligkeit brachte ihn dazu, sich ganz der „neuen" Musik „in die Arme zu werfen" und die „alte" Musik, die Musik der Väter, zu hassen.

Ich half ihm, den Neid gegenüber seinem Vater zu überwinden. Schließlich konnte er mit tiefer Überzeugung sagen „Ich liebe meinen Vater" und stark testen. Wenn ich ihn dann in Bezug auf die Altmeister der Musik testete, war er stark bei der Aussage, daß er sie gern spiele und sie gern höre.

Und er testete noch immer, wie zuvor, bei den verschiedenen modernen Komponisten stark. Er hatte die Liebe für das Neue nicht verloren, doch die Liebe für das Alte wiedergewonnen. Er hatte seinen Neid überwunden, und diese Veränderung hat seitdem in seinem Spiel ihren Niederschlag gefunden. Er hat jetzt ein hohes Energieniveau. Er gibt nicht länger eine verärgerte, trotzige Aussage an die Welt, sondern eine liebevolle. Er kehrt seinem Vater nicht länger den Rücken zu, er hat ihn „umarmt". Er spielt noch immer seine Avantgarde-Musik, aber mit verändertem Herzen. Und das ist der Weg zu wahrem Fortschritt im Leben und natürlich in der Musik.

1 Berühmter englischer Musikkritiker (1868–1959)

Ein Blick auf den modernen Tanz

Harvey bezeichnet sich als postmodernen Tänzer. Er erzählte mir, daß der moderne Tanz mit Isadora Duncan begann, später bei Ted Shawn und Martha Graham seine Fortsetzung fand und daß das alles in den zwanziger Jahren seinen Anfang nahm. Er sagte, der postmoderne Tanz sei in den sechziger Jahren von ihren Schülern und den Schülern ihrer Schüler ins Leben gerufen worden und unterscheide sich in vielerlei Hinsicht vom sogenannten „Modern Dance“, der sich seinerseits natürlich wiederum stark vom klassischen Ballett-Tanz unterscheide. Harvey sagte, er habe überhaupt kein Interesse am klassischen Ballett, er möge eigentlich nur den Tanzstil, den er tanzt, den aber sehr.[1] Dieser Tanz ist sehr frei, völlig improvisiert und wird gewöhnlich ohne Musik getanzt. Als ich ihn fragte, ob er nicht wie Nureyev sein wolle und ob er nicht gern im Schwanensee tanzen würde, äußerte er sich abschätzig: „Ganz sicher nicht.“ Das mag er nicht im geringsten. Nur der moderne Tanz, besonders der postmoderne, zählt wirklich, nur ihn mag er wirklich. Das ist der wahre Tanz.

Ich mache mir immer Sorgen, wenn ich höre, wie Leute, besonders Künstler, sich geringschätzig oder aburteilend über die Kunstformen äußern, die von vorhergehenden Generationen überliefert sind. Dahinter verbirgt sich fast immer ein psychologischer Grund. Ich kann verstehen, daß Harvey seinen neuen Tanzstil mag, aber nicht, wenn es auf

Kosten des Alten geht. Das Neue wächst aus dem Alten und muß seinen Wurzeln seine Ehrerbietung erweisen. Als ich Harvey testete, erhielten wir recht sonderbare Ergebnisse. Dem Test nach mochte er den modernen und postmodernen Tanz nicht, wohl aber Ballett. Dem Test nach wollte er eigentlich klassisches Ballett tanzen – genau das Gegenteil von dem, was er sagt und woran er glaubt.

Wir fanden heraus, daß das zugrundeliegende psychologische Problem bei Harvey Kastrationsangst war. Vor vielen Jahren hatte ihm eine Lehrerin für klassisches Ballett, bei der er für kurze Zeit Unterricht nahm, gesagt, er würde nie ein „großer Tänzer" werden, und dies hatte ihn sehr verletzt. Anfangs glaubte er, sie meine, er werde nie ein berühmter Tänzer, doch dann kam er zu der Überzeugung, daß sie eher seine Körpergröße gemeint habe. Er ist nur knapp 1,70 Meter groß und wahrscheinlich zu klein, um in ein klassisches Ballett aufgenommen zu werden. Er ist sich seiner Körpergröße immer sehr bewußt gewesen. Ich stelle regelmäßig fest, daß kleine Männer unter einem bestimmten Maß an Kastrationsangt leiden. Es gibt in ihrem Denken eine direkte Beziehung zwischen ihrer kleinen Struktur und einem abgeschnittenen Penis. Wir fanden bei Harvey, daß es sein innigster Wunsch war, klassischer Balletttänzer zu sein, doch dies ist ihm versagt geblieben. Deshalb hat er den modernen Tanz als Ersatz gewählt. Er glaubt, das sei die einzige Tanzform, die auch ein kleiner Mann ausüben könne. Was die zweite Deutungsmöglichkeit der Aussage seiner Lehrerin betrifft, so ist es unwahrscheinlich, daß er je berühmt wird. Seine Arbeit ist so avantgardistisch, daß kaum jemand zu seinen Vorstellungen kommt. Er ist überzeugt, daß er niemals „groß" werden wird, weder im wörtlichen noch im übertragenen Sinn.

Harvey ist sehr einsichtig und aufnahmebereit für die Therapie. Er erzählte, wie sein Vater ihn ständig „kleingemacht" habe und ihm ein Gefühl des „Klein-Seins" vermittelt habe, besonders auf dem Gebiet des Tanzes. Plötzlich lachte er, ihm wurde klar, was er gesagt hatte, und es funkte in ihm. Harvey hatte plötzlich erkannt, daß er in den Augen seines Vaters erwachsen war. Er war nicht mehr ein kastrierter kleiner Junge. Harvey bat mich, ihn noch einmal zu testen, denn er wußte, daß er sich innerlich verändert hatte; jetzt testete er bei dem Wunsch, Ballett zu tanzen, stark, und ebenso bei dem Wunsch „Modern Dance" zu tanzen; denn jetzt wollte er auf allen Ebenen aus dem richtigen Grund. Und seitdem ist er ein besserer Tänzer und ein besserer Mensch.

1 Wir haben in Tests Gründe herausgefunden, aus denen einige Arten des modernen Tanzes ein höheres Niveau an Lebensenergie aufweisen als klassisches Ballett; das ist jedoch in diesem Zusammenhang nicht relevant.

Selbstsüchtigkeit

„The most difficult of all musical instruments to learn to play is the second fiddle." – Anonym
(Unter allen Musikinstrumenten ist am schwierigsten die zweite Geige zu erlernen)

Vor nicht allzulanger Zeit stellte ich zwei sehr begabte Musiker einander vor. Sie bewunderten die Musik des anderen sehr und empfanden außerdem spontane gegenseitige Zuneigung. Ich schlug ihnen vor, eine Sonate für Violine und Klavier zu spielen. Beide waren begeistert von der Idee. Voll Erwartungen gingen wir zu einem leeren Konzertsaal in der Nähe. Ich war sicher, ich würde hervorragende Musik hören. Doch irgendetwas lief schief.

Der Geiger ist vielleicht der selbstloseste Musiker, den ich je getroffen habe. Mit „selbstlos" meine ich nicht nur die Großzügigkeit, mit der er seine Zeit jungen Musikern widmet – sondern auch eine andere Qualität, die Selbstlosigkeit in seinem Spiel. Er denkt nie: „Wie höre *ich* mich an?", sondern „Wie hört sich unsere Musik an?" Ich habe bei zahlreichen Gelegenheiten miterlebt, wie er ganze Kammermusikensembles verwandelt; er besitzt die Fähigkeit, sich ständig des Gesamtklangs bewußt zu sein, sich ihm zu widmen, nie nur *seinen* Klängen. Das meine ich mit selbstlosem Musizieren. Es ist nie ein „Hör *mir* zu", sondern ein „Hör *uns* zu". Zum Beispiel hat er mir erzählt, daß er als junger Orchestermusiker oft von den Klängen der Musiker um ihn herum fortgetragen worden sei und so die Einsätze verpaßt habe. Ich habe ihn unter den Streichern eines Orchesters beobachtet. Wenn er gerade nicht spielt, sehe ich, wie er die Ohren spitzt, um der Musik der anderen zuzuhören. Das erlebt man nur bei sehr wenigen Musikern. Die meisten von ihnen sind mit egoistischen Fragen beschäftigt.

Und der Pianist? Am besten, ich beschreibe, was schief lief, als sie zusammen spielten. Der Geiger warf einen Blick auf den drei Meter langen Flügel und schlug dem Pianisten vor, den Deckel nur halb zu öffnen. Der jedoch bestand darauf, den Deckel vollständig zu öffnen. Der Geiger, wie er nun einmal ist, willigte ein, sagte aber, dann müsse er lauter spielen. Er stand wie gewohnt im Bogen des Flügels, um guten Augenkontakt mit dem Pianisten zu haben. Dann begannen sie zu spielen.

Mir wurde sehr bald bewußt, daß sie nicht zusammen spielten. Irgendetwas stimmte überhaupt nicht. Ich bemerkte, daß der Geiger sich vom Bogen des Flügels langsam nach vorn bewegt hatte und immer versuchte, Augenkontakt mit dem Pianisten herzustellen. Dazu mußte er Kopf und Körper verdrehen. Er spielte immer lauter, mit immer mehr Streß, und das Tempo wurde immer schneller – zu schnell. Die Musik begann, sich mechanisch anzuhören und geriet außer Kontrolle. Plötzlich unterbrach der Geiger und sagte: „Ich kann nicht mehr. Ich kann einfach nicht so laut spielen. Und außerdem habe ich das Gefühl, daß das Klavier mir ständig einen Stoß in den Rücken gibt, daß es mich antreibt. Ich fühle mich sehr unwohl.“ Da erkannte ich das Problem. Ich ging zum Pianisten, den ich gut kenne. Ich ließ ihn sagen: „Ich will niemand anderes auf der Bühne haben, wenn ich spiele. Ich möchte nur solo spielen.“ Er testete stark. Darin lag das Problem. Wie so viele andere war er ein selbstsüchtiger Musiker. Er wollte die Bühne mit niemand anderem teilen, auch dann nicht, wenn das Publikum nur aus einer Person bestand.

*

Einmal hörte ich einem Cellisten und seinem Begleiter zu und konnte fühlen, daß etwas nicht stimmte. Ich habe sie in den letzten Jahren oft gehört, aber diesmal hörte ich etwas anderes. Der Cellist schien den Begleiter überwältigen zu wollen, so als ob er allein auf der Bühne sein wollte. Die Verbindung zwischen ihnen war zerbrochen. Ich testete ihn und stellte zu meiner Überraschung fest, daß er die Bühne mit jemand anderem teilen wollte. Das paßte nicht zu ihm, ebensowenig wie die Selbstsüchtigkeit, die ich aus seinem Spiel heraushörte. Ich hatte ihn schon oft gehört, solo, mit Begleitung, mit Orchester, und besonders in Streichquartetten, und immer hatte er sein Ich der Musik untergeordnet.

Wann hatte diese Selbstsüchtigkeit angefangen? Offensichtlich erst kürzlich. Wir engten den Kreis der Möglichkeiten ein und kamen auf den Abend, an dem er mit seinem Begleiter heimkam, nachdem sie das Finale eines höchst bedeutenden internationalen Wettbewerbs erreicht hatten. Wir stellten fest, daß seine Selbstsucht genau in dem Moment begann, als er in der New York Times eine Kritik über seinen Auftritt beim Wettbewerb las. In diesem Augenblick hatte er den Blick für das wahre Ziel der Musik verloren, das Teilen von Liebe mit anderen Musikern und den Zuhörern. In diesem Moment sagte die kleine Stimme in seinem Innern zum ersten Mal: „Ich! Ich! Ich!"

Das war leicht zu korrigieren, da es nicht tief verwurzelt war. Er ist eigentlich nicht so. Es waren aber einige genaue Tests notwendig, um das Problem herauszufinden, und seine Hingabe war erforderlich, um es zu überwinden. Wie viele Musiker wissen gar nicht, daß sie selbstsüchtig sind. Nach meiner Erfahrung die große Mehrheit. Bei vielen von ihnen ist die potentielle Selbstsüchtigkeit durch eine Rezension hervorgerufen worden.

*

George ist ein sehr begabter junger Musiker, und mit Leib und Seele bei der Sache, doch jedes Mal, wenn ich ihn spielen hörte, spürte ich, daß etwas nicht stimmte. Zunächst konnte ich es nicht genau ausmachen. Er mochte die Musik und öffentliche Auftritte. Er liebte sein Klavier. Er wollte den Zuhörern Liebe geben. Doch irgendetwas fehlte.

Plötzlich erinnerte ich mich an einige Momente während unserer Begegnungen, in denen er irgendwie selbstsüchtig war. Ob das in Beziehung stand zu dem, was in seinem Spiel fehlte? Ich ließ ihn sagen: „Ich möchte, daß andere an meiner musikalischen Erfahrung teilhaben." Er testete schwach. Er wollte, daß sie seine Musik hörten. Er wollte, daß ihnen durch seine Musik geholfen würde, die musikalische *Erfahrung* aber wollte er für sich behalten. Es war, als ob er sagte: „Ich teile meine Liebe mit Euch, aber nicht meine Musik. Sie gehört mir und ich möchte sie für mich behalten." Ich glaube nicht, daß George die gesamte musikalische Erfahrung für sich behalten wollte, sondern nur das Wesentliche – den Kern, die Erregung, den Kitzel, die Verzückung. Als er darüber nachdachte, stimmte er mir zu. Er sagte: „Ja, ein Großteil meines Spiels gilt meinen Freunden, doch ich erkenne, daß ich einen gewissen Teil für mich selbst behalten möchte." Als er sagte „Ich bin großzügig", testete er schwach, ebenso bei der Aussage „Ich möchte das, was ich habe, mit anderen teilen". Bei der Aussage „Ich möchte alles, was ich habe, für mich selbst behalten" testete er stark. Allein dadurch, daß ihm dies bewußt wurde, kam George dazu, seine Selbstsüchtigkeit zu erkennen und konnte sie überwinden, sie umwandeln. Sofort danach spielte er Klavier, und wir alle konnten den Unterschied hören. Jetzt teilte er mit uns uneigennützig die innersten Gefühle seiner musikalischen Erfahrung.

Die Tragödie der Hybris

Seit Monaten schiebe ich es auf, über eine meiner großartigsten musikalischen Erfahrungen zu schreiben. Ich war anwesend und half, als ein Amateurmusiker bei seinem ersten Einsatz als Dirigent aufgenommen wurde. Es war ein langes, forderndes Werk, mit großem Orchester, Solisten und Chor.

Der Dirigent hatte sich in die Symphonie verliebt, als er sie zwanzig Jahre zuvor zum ersten Mal gehört hatte. Seitdem hatte er einen beträchtlichen Teil seiner Zeit und seines Vermögens aufgewandt, sie tiefer kennenzulernen, war um die ganze Welt geflogen, um sie „live" zu hören. Dann entschloß er sich, sie selbst zu dirigieren. Er war ein begabter Amateurmusiker, hatte jedoch noch nie zuvor dirigiert. Er mietete einen Konzertsaal, ein Symphonieorchester, zwei bekannte Solisten und einen Chor und probte mit ihnen. Das Orchester sah das ganze Unternehmen zunächst als Witz an – schließlich hatte er überhaupt keine Erfahrung als Dirigent –, und das von ihm gewählte Werk war kaum etwas für den Anfang. Dann gab es Gerüchte, daß sie verblüfft darüber seien, wie gut er sie dirigiere. Allmählich wurde aus Spott Bewunderung. Die abschließende Aufführung war eine großartige musikalische Erfahrung. Es war eine der schönsten Aufführungen des Werkes, die ich je gehört habe, und viele andere sind derselben Meinung. Er dirigierte mit der Liebe eines Mannes, der endlich, nach Jahren des Wartens, mit dem

Objekt seiner Liebe vereint ist. Ich habe die Aufnahme oft gehört, und jedes Mal spüre ich die Verzückung in mir, die er beim Dirigieren empfunden haben muß und der Komponist beim Komponieren. Es überraschte kaum, daß sich das Energieniveau im Test als sehr hoch erwies.

Ich habe diese Aufnahme oft als Beispiel für die Liebe verwendet, die ein Amateur der Musik entgegenbringen kann und die den meisten professionellen Musikern verloren gegangen ist. Seit der Begeisterung jenes ersten Abends habe ich darüber schreiben wollen. Der Grund, warum ich gezögert habe, sind nicht die Geschehnisse während der Aufführung, sondern das, was danach passierte. Das Publikum bestand aus 3000 geladenen Gästen. Nach dem Konzert lud der Amateurdirigent alle 3000 zu einem Bankett in ein nahegelegenes Hotel ein. Aus irgendeinem Grund war mir nicht ganz wohl dabei. Meine Frau sprach dann das Problem aus: Er hätte nach der Aufführung mit seiner Familie ruhig heim gehen sollen, um der Musik und dem Komponisten dafür zu danken, was er erreicht hatte, für den Ruhm und die Schönheit dieses wunderbaren Momentes, der ihm gewährt worden war. Es war nicht der Augenblick für eine öffentliche Feier, sondern für ruhige Selbstbesinnung und Dankbarkeit. Meine Frau befürchtete, das Lob könne ihm zu Kopf steigen, daß er seine Bescheidenheit, seine Demut der Musik gegenüber verlieren würde und genau wie die meisten anderen Dirigenten werde. Also wartete ich mit dem Niederschreiben meiner Eindrücke.

Das Lob, das ihm entgegengebracht wurde, war mit Recht überwältigend. Dasselbe Orchester, das er auf eigene Kosten verpflichtete, um die Symphonie aufzuführen, hat jetzt *ihn* verpflichtet, um sie nochmals aufzuführen. Wahrscheinlich erhält er einen Schallplattenvertrag, und man munkelt, er werde seine Karriere als Geschäftsmann aufgeben und professioneller Dirigent werden. Und noch etwas geschah: Ich habe gehört, daß er mit der Aufnahme des Konzerts immer unzufriedener geworden ist – nicht mit der Qualität der Aufnahme, sondern mit dem Orchester. Er konzentriert sich jetzt auf technische Dinge, wird perfektionistisch und kehrt der Schönheit und Liebe in der Musik den Rücken zu. Mir wurde auch berichtet, daß er jetzt in den Proben den Takt und nicht den Puls dirigiert. Er scheint kein energiestarker Dirigent mehr zu sein.

Die größten Sorgen bereitet mir jedoch seine Aussage, er wolle für die nächste Aufführung die Partitur ändern. Er glaubt, daß bestimmte Passagen, die für Chor und Orchester geschrieben wurden, besser ohne Begleitung gesungen würden. Sein Ende als Musiker ist absehbar, sollten sich diese Berichte als wahr herausstellen. Er ist nicht mehr eins mit dem Puls der Musik. Seine Demut ist verschwunden, er hat entschieden, daß er größer als der Komponist ist. Es scheint, daß ihm das Lob zu Kopf gestiegen ist. Das ist die *Hybris* der griechischen Tragödie, der „überhebliche" Stolz bei Shakespeare.

Ein Test bei der nächsten Aufführung ergab,

daß sie voller Streß und energieschwach war. Viele, die beiden Aufführungen beigewohnt hatten, bemerkten die Veränderung, ebenso einige Mitglieder des Orchesters.

Der vielleicht letzte Prüfstein für den Charakter und die Seele eines Musikers ist seine Fähigkeit, sein Ich aus der Aufführung herauszuhalten. Wenige bleiben unbeeinflußt. Nur dem demütigen Transzendenten gelingt es.

Marilyn

Vor vielen Jahren traf ich Marilyn zum ersten Mal. Ich hatte eine Freundin begleitet, die bei einer Agentur für Folklorekünstler vorsingen sollte. Marilyn war leitende Angestellte dieser bedeutenden Agentur. Als meine Freundin gesungen hatte, gratulierte Marilyn ihr dafür, wie gut sie gesungen habe. Und dann sagte sie: „Ich will's dir ganz klar sagen, Mädchen. Wenn du's so machst, wie du's eben gemacht hast, kann ich 500 $ pro Abend herausholen. Aber wenn du dazu die Hüften bewegst, kann ich 1000 $ pro Abend herausholen. Deine Entscheidung."

Ich habe Marilyn seitdem oft getroffen. Manchmal ist sie fast wie ein Mann aufgemacht, manchmal auch weiblich. Was immer auffällt, ist die Tatsache, daß sie wenig – wenn überhaupt – auf die Musik achtet. Sie ist nur auf den Showbusiness-Touch aus. Genauer gesagt, ist es vielleicht das sexuelle Element, von dem sie leider weiß, daß es sich gut verkauft. Noch bedauernswerter ist, daß sie und all die anderen Marilyns wollen, daß es sich verkauft.

Erst gestern gab es neueste Nachrichten über eine „Marilyn". Ein sehr guter, energiestarker Operndirigent wurde in das Büro seines Direktors zitiert. Er wußte, daß das Ärger bedeutete. Immer wenn er dorthin kommen sollte, wurde er wie ein Schuljunge gemaßregelt. Und das hatte immer mit Showeffekten zu tun, nie mit Musik. Marilyn sagte ihm, er müsse „energischer" dirigieren. Sie meinte es natürlich nicht im Sinne von Lebensenergie. Sie sagte: „Schau dir die anderen Dirigenten an und mach es wie sie.“ Er wußte genau, was sie meinte – mit seinen Armen wild herumzufuchteln und sehr „energisch“ auszusehen, mit anderen Worten, eine Show abzuziehen. Die Besprechung hatte nichts mit Musik zu tun. Man bat ihn, im übertragenen Sinn mit den Hüften zu wackeln. Man teilte ihm gewissermaßen mit: „Kein Wakkeln, kein Job.“

Viele Dirigenten „wackeln“. Sie „wackeln“ nicht nur, sie beugen sich auch, so sagt man, auf ganz besondere Art nach vorn. Während sie sich vornüberbeugen, schütteln sie energisch den Kopf. Man vermutet sogar, daß zumindest einer von ihnen sich die Haare so hat schneiden lassen, daß sie ihm beim Kopfschütteln echt „künstlerisch“ in sein Gesicht fallen. Genau das gefällt Marilyn.

Es gibt viele, viele Marilyns. Sie sind nicht nur unter „künstlerischen Direktoren“ sondern auch unter Künstlern zu finden. Sie machen auch einen Großteil des Publikums und der Kritiker aus. Marilyn, die Agenturleiterin und Marilyn, die Direktorin der Operngesellschaft mögen zwar kein Gespür für die Musik haben, aber sie haben eins für Geld. Sie wissen, daß sich Kopfwackeln und Hüftschwünge gut verkaufen. Sie wissen, daß die Kritiker ihr „Talent“ dann als aufregend und mitreißend preisen und ausrufen werden, daß sie nach so einer überwältigenden Vorstellung nichts anderes tun können als aufzuspringen und sich heiser zu schreien; nicht ohne ihrerseits zu „wackeln“. Ein

Großteil der Zuhörer will so etwas. Für die Konzerte der „Wackler“ legen sie am meisten Geld hin. Ja, auch sie sind Marilyns. Sie lieben den kleinen Hüftschwung, den Touch von Erotik, den so viele hochbezahlte Künstler, im Bereich der Klassik wie in der Popmusik, der Musik beifügen. Das bißchen „Wackeln“ macht beim Kartenverkauf einen gewaltigen Unterschied. Ja, Marilyn ist nicht dumm. Sie weiß, daß das Publikum so ist wie sie. Sie mag das Wackeln, das Publikum mag es auch, und sie gibt es ihnen. Auch Komponisten versuchen, Marilyn zu gefallen. Man kann es hören und fühlen. Das alles kann ein kurzes Wackeln für unsere Beliebtheit tun.

Nochmal mit Gefühl

Ich möchte Sie einmal mit zu einer Aufnahmesession nehmen, so daß auch Sie viele der aktuellen Probleme in der Musikwelt kennenlernen können. Zwei weltberühmte Künstler spielen Bach-Sonaten. Die Schallplatte wurde von einem der bekanntesten Produzenten für eine bedeutende Plattenfirma produziert. Ich war als Assistent des Aufnahmetechnikers dabei. Er hat mir versichert, daß zwar jede Aufnahmesession einzigartig sei, diese aber in vieler Hinsicht typisch für alle Aufnahmen mit sehr berühmten Künstlern gewesen sei. Er sprach aus ungefähr dreißig Jahren Erfahrung.

Die Künstler befanden sich allein im Auditorium, der Aufnahmetechniker und der Produzent im angrenzenden Kontrollraum. Die einzige Verbindung zwischen den Künstlern und uns waren die Lautsprecher und die Gegensprechanlage. Im Kontrollraum hingen die Monitor-Lautsprecher an der hinteren Wand. Vor ihnen saß der Produzent, die Noten auf einem Ständer vor sich. Seitlich stand ein kleiner Tisch, mit seinem Notizblock und natürlich dem Mikrofon der Gegensprechanlage. Wir saßen hinter ihm an den Aufnahmeapparaturen. Als allererstes testete der Produzent die Gegensprechanlage durch lautes Zählen. Der Pianist antwortete: „Ich höre Dich, Gott." Er sagte es scherzhaft, aber auch im Scherz steckt immer Wahrheit – wie Sie noch sehen werden.

Dann sagte der Produzent an: „Bach . . ." hier kam „Erster Satz, Take Nummer Eins", und sie spielten. Unterdessen schrieb er, so schnell er konnte, Randbemerkungen in seine Partitur, wobei er kleine Plus- und Minus-Zeichen verteilte, als ob er ihre Hausaufgaben korrigierte. Am Ende des Satzes fragten sie ihn durch die Lautsprecher: „Bill, wie war es?" Und Bill sagte ihnen, welche Takte er mit einem Minuszeichen versehen hatte. Dann spielten sie diese „Minus-Takte" noch einmal. Daraufhin empfahl Bill, einige weitere Takte zu wiederholen, und sie spielten die, zum Beispiel Takt 55 bis 62. Dann sagte er: „Und jetzt Takt 80 bis 95", und pflichtbewußt spielten sie auch dies noch einmal, immer wieder, bis sie es nach Bills Auffassung richtig gemacht hatten. Endlich, nach ungefähr fünfzehn Versuchen, befand Bill alles für „gut" und sagte den zweiten Satz an. Sie spielten ihn, und so ging es weiter. Als die Session vorbei war, hatte man ungefähr zweihundert „Takes" gemacht, um 15 kurze Sätze aufzunehmen.

Alles drehte sich um Bill. Er war wirklich „Gott". Immer wieder stellten sie ihm Fragen wie: „Ist das Klavier okay, Bill, ich kann im Moment nicht denken. Ist mein Staccatoanschlag bei den Achteln gleichmäßig, Bill, ist das okay? Hören wir uns unterschiedlich genug an? Ist die Struktur klar genug, Bill?" Wußten sie das nicht selbst? Es handelte sich hier um weltbekannte professionelle Künstler. Wußten sie denn nicht, was sie wollten? Was sie taten? Warum mußten sie sich der Kontrolle von Bill unterwerfen? Eine Frage wurde mindestens hundert Mal wiederholt: „Bill, haben wir alles abgedeckt?" Damit meinten Sie: „Haben wir einen guten Take von einer bestimmten Stelle, oder müssen wie sie noch einmal spielen?" Dann schaute Bill auf die Plus- und Minus-Zeichen in der Partitur und verkündete: „Ja, ich glaube es ist alles abgedeckt.", oder „Nein, vielleicht sollten wir sicher gehen und es noch einmal aufnehmen." Also machten sie noch ein paar Aufnahmen. In diesen zwei Tagen gab es langwierige, hauptsächlich von Bill ausgehende Diskussionen hinsichtlich der Sechzehntelnoten und ähnlicher technischer Fragen. Ich hörte aber kein Wort über die wichtigen Qualitäten der Musik: über Linie, Gestalt, Puls, Bedeutung, Zweck, ganz zu schweigen von Wärme, Liebe oder Menschlichkeit. Nie hörte ich eine Aussage wie: „Ich frage mich, wie Bach sich diese Stelle vorgestellt hat." Tatsächlich – und das war das Schlimmste von allem – fiel der Name Bach während der zwei Tage nur dann, wenn Bill den Beginn der Sätze ansagte. Bald bekam ich den Eindruck – und er verstärkte sich während der zwei Tage ständig –, daß ich zwei Technikern zuhörte, denen die Musik eigentlich vollkommen egal war. Sie machten es, weil es ihr Beruf war und ihr Lebensunterhalt. Aber sie waren sich noch nicht einmal ihres eigenen technischen Könnens sicher. Sie mußten immer erst ihren Gott Bill fragen. Das war für mich ein Hinweis darauf, wie groß ihr Streß war. Sie gaben ihre musikalische Selbständigkeit – so dürftig sie war – auf und unterwarfen sich dem Unsichtbaren im Kontrollraum. Nach der Session diskutierten sie, wer die zweihundert Takes anhören und entscheiden sollte, welche verwendet werden sollten. Der Solist sagte, er hätte keine Zeit. Die Pianistin erklärte, sie sei nur widerwillig dazu bereit. Bill sagte, er würde es machen, wenn er es bezahlt bekäme. Allen dreien war die Musik egal. Keiner von ihnen war stolz auf das, was sie geleistet hatten. Keiner von ihnen wollte noch etwas damit zu tun haben. Sie waren dagewesen, hatten es auf Band aufgenommen, Bill hatte es für gut befunden, alles war im Kasten, jetzt gingen sie heim, und fertig. Wie der Chirurg, dem es Spaß macht zu operieren, der aber den Gedanken, seinen Patienten nach der Operation zu besuchen, nicht ertragen kann. Es war ihnen gleich. Das wurde sehr deutlich durch den folgenden Zwischenfall aufgedeckt. Bill hatte gesagt, die Aufnahme sei bei gewissen Takten, sagen wir Takt 150 bis 170, noch nicht gut genug. Er schlug vor, sie noch einmal zu spielen, was sie auch pflichtbewußt machten; und bei Takt 170 hielten sie an. Es waren aber nur zwei weitere Takte bis zum Ende des Werkes zu spielen! Bach war ihnen so egal, daß sie diese letzten zwei Takte nicht mehr spielten. Bill hatte „bis 170" gesagt, also spielten sie auch nur genau bis 170. Er hatte kein echtes Interesse und sie sicherlich auch nicht. Bill wollte zwanzig Takte, also bekam er zwanzig Takte. Die Schallplattengesellschaft bezahlte sie für 2000 oder 3000 Takte, und die lieferten sie; alles war „abgedeckt", als alle Takte auf Band waren. Sie beglückwünschten sich und gingen heim.

Der Toningenieur – ein Mann, der von tiefer Liebe zur Musik erfüllt ist – und ich empfanden ein Gefühl von Trauer und Verlust, als ob wir einem weiteren Begräbnis der Musik beigewohnt hätten. Was für eine sonderbare Tragikomödie. Und dann passierte etwas Merkwürdiges, fast Unwirkliches. Als ich die Tür des Auditoriums hinter mir schloß und versuchte, all die Leblosigkeit der letzten zwei Tage hinter mir zu lassen, hob ich ein Buch vom Boden auf, das als Keil unter der Tür gelegen hatte. Ich drehte es um, las den Titel und brach in ein tiefes, befreiendes Lachen aus. Der Titel lautete: *Nochmal mit Gefühl.* Und ich dachte mir: „Wenn sie es nur gelesen hätten."

Carnegie Hall ist weit weg von zu Hause

Ich saß in der Küche eines alten Hauses in New England. Vor mir ein sehr alter Holzofen, der noch immer, wie in den vielen Jahren zuvor, in Betrieb ist. Der Besitzer, ein dort ansässiger Historiker, erzählte, daß hier früher ein Kamin aus Feldsteinen gewesen war. Wir saßen auf alten Küchenstühlen im Stil der Shakers.[1] Meine Hand ruhte auf einem alten, abgescheuerten Küchentisch aus Eiche. Der Besitzer berichtete, diese Küche sei seit fast zweihundert Jahren Mittelpunkt des Lebens im Hause. Ich konnte mir vorstellen, wie in den langen Wintern die Familie um das Feuer herum saß und Lieder sang. Wir beide kannten die starke „Volksliedtradition" des Nordostens. Er holte einen alten „Dulcimer" (eine Art Zimbel) hervor, der wohl auch schon damals dabeigewesen sein mag. Er war handgemacht und sehr primitiv, aber er war zu einem bestimmten Zweck hergestellt worden. Und zwar, um Musik in die Küche eines alten New-England-Farmhauses zu bringen.

Wie wir in dieser kalten Schneenacht in New England um den Ofen saßen, wurde mir erst richtig klar, daß Musik für das Heim bestimmt ist. Das, was viele Winter hindurch in jeder kalten Nacht hier stattgefunden hatte, war der Inbegriff und die Seele der Musik. Die Musik beginnt mit dem Trällern und den Wiegenliedern der Mutter für das Kind. Von ihr kommt Musik, an sie wird sie zurückgegeben, an das Zuhause. In dieser

Küche in New England war Musik gemacht, gegeben und zurückgegeben worden.

Je weiter sich die Musik von ihrer wahren, liebevollen, häuslichen Umgebung entfernt, desto mehr verliert sie den Bezug zu ihren Ursprüngen, desto eher artet sie in pervertierte und gestörte Formen aus, so wie jeder Mensch, der den Bezug zu seinen Wurzeln und seinem Ursprung verliert. Er verliert die Richtung, sein Gefühl für das wirkliche Ziel und kommt vom Weg ab. Und da die Musik sich von ihrer häuslichen Umgebung, von ihrem Mutterleib entfernt hat und in die Konzerthallen gegangen ist, hat auch sie das Gefühl für die Richtung verloren. Neue Werte kommen hinzu: Technik, Oberflächlichkeit, Ich-Befangenheit, Exhibitionismus, demonstratives Gehabe. So entstehen der Superstar und der Mega-Künstler, der in der Carnegie Hall vor Tausenden und durch seine Schallplatten vor Millionen von Leuten spielt, die sein Konterfei auf ihren Jacken tragen. Als ich das letzte Mal ein Konzert in der Carnegie Hall besuchte, versetzte ich mich zurück in jene Küche in New Hampshire, zu Onkel Harry, der auf dem Dulcimer klimperte, wo ein anderer vielleicht eine Ballade sang und alle beim Refrain einstimmten, oder wie sie alle vielleicht einstimmig sangen. Es war eine ganz andere Welt als die der Carnegie Hall. Doch sie ist näher an der Wahrheit, näher am Ursprung der Musik.

Ein anderes Mal hörte ich in der vollbesetzten Carnegie Hall irische Sänger. Ihr Gesang und ihr Auftreten waren denkbar prahlerisch und egozentrisch, und sie erhielten von den Zuhörern donnernden Applaus. Ich dachte an den vielleicht größten irischen Sänger, an Joe Heeney, der mir einmal erzählt hat, wie sie als junge Menschen in Irland abends ums Feuer saßen und in die glühenden Kohlen schauten. Sie sahen Bilder darin, die sie dann vielleicht an ein Lied erinnerten. Einer von ihnen begann zu singen, und die anderen setzten nach und nach ein. Diese Qualität versuche ich den konzertierenden Künstlern einzuprägen, mit denen ich arbeite. Ich bin nicht der Meinung, daß es die Carnegie Hall nicht geben sollte. Natürlich sollte sie existieren. Aber der Künstler muß die Auftritte dort so angehen, als befände er sich in einem Heim, gehöre jeder dort zu seiner Familie; er muß sich vorstellen, daß die Musik, die Liebe und die Freundschaft, die in der Sicherheit, Wärme und Liebe der familiären Umgebung verkörpert waren, von ihm gegeben wird und an ihn zurückgegeben wird. Es ist sehr schwierig, dies zu erreichen, aber es ist nicht unmöglich.

1 Amerikanische Sekte, die aus den Quäkern hervorgegangen ist.

Das Debüt

Ich saß in der vierten Reihe des Konzertsaals und hörte einem jungen Geiger, der in wenigen Stunden sein Debüt geben sollte, bei den letzten Proben zu. Er war Starschüler eines der größten Geigenlehrers in Amerika und sollte im weiteren Verlauf des Jahres an einem internationalen Wettbewerb teilnehmen. Kein Zweifel darüber, seine Technik war gut, doch etwas anderes machte mir Sorgen. Er spielte mit gesenktem Kopf, fast in die Violine vergraben, als ob er nur für sich selbst spielte. Und obwohl ich sehr nahe bei ihm saß, schien mir die Musik nicht bis zu mir zu kommen, sondern statt dessen direkt vor seinen Füßen hinunterzufallen. Da war keine Projektion, kein Wunsch, die Musik weiterzugeben. Er hatte sich in sich gekehrt. Welch eine Tragödie, besonders bei seinem Debüt, dem Moment, in dem die Blume sich zum ersten Mal öffnet und all ihre Schönheit der Welt zeigt. Dieser junge Mann schloß sich ein, zog sich gerade in dem Moment in sich zurück, in dem er eigentlich am mitteilsamsten sein wollte. Ich konnte seine Schönheit nicht hören. Sie war nicht für mich gedacht. Er spielte zwar vor mir, doch er behielt die Musik für sich. Ich vermißte das Verlangen zu kommunizieren und zu teilen.

Meine Gedanken gingen einige Monate zurück, zur Generalprobe für das Debüt einer anderen Geigerin, einer Studentin von Ed Simons. Diese Geigerin zeigte eine sehr offene Körperhaltung und Gesamteinstellung, in dem leeren Konzertsaal kam die Musik von der Violine direkt zu mir. Doch Ed wußte, daß sie sich noch immer etwas zurückhielt, deshalb ließ er mich überall in dem großen, leeren Saal herumgehen, und er bat die junge Geigerin, die Musik zu mir herüberzubringen, wo immer ich mich gerade befand. Während ich von einer Ecke in die andere, nach oben oder nach hinten ging, sendete sie mir die Musik. Wo immer ich war, sendete sie sie mir. Dann setzte ich mich, und Ed bat die Geigerin, sich vorzustellen, sie spiele für jeden in einem vollbesetzten Saal. Ihre Blume öffnete sich weit. Das Konzert war wahrhaftig ein Debüt, und sie ist seitdem ständig weiter gewachsen. Ed Simons macht das immer, wenn er öffentlich auftritt. Er stellt sich vor, daß die Musik von seiner Violine aus zu jedem Zuhörer geht, von seinem Herzen zu ihren Herzen.

Während ich wieder diesen introvertierten jungen Geiger bei seiner letzten Probe anschaute, empfand ich starkes Mitleid mit ihm. Es gab eine Angst in ihm, die ihn hinderte, sich zu öffnen und zu enthüllen. In all den Jahren bei seinem berühmten Lehrer hat ihm niemand bei diesem Problem geholfen; vielleicht hat es sich dabei sogar noch verschlimmert, wie es leider oft der Fall ist. Ja, die Technik war da. Doch was nutzte die Technik, wenn er vor Angst gelähmt war? Was nuzte die Technik, wenn es keine Kommunikation gab? Sicherlich war er ängstlich, schließlich war es sein Debüt, doch seine Haltung beim Spielen hatte er nicht nur für diesen Anlaß angenommen. So hatte er Jahre gespielt, hatte den Kopf hängen lassen, ihn fast in der Violine versteckt, seinen Körper gekrümmt, als ob er sich zu einem Ball zusammenrollen wollte. Der Lehrer hatte sich auf die Finger konzentriert, nicht auf den Körper – und nicht auf die Seele.

Als die Probe vorbei war, ging ich hinter die Bühne und sprach mit ihm; glücklicherweise gelangte ich zu ihm, bevor sein Lehrer kam. Ich sagte: „Weißt du, ich möchte *wirklich* gern hören, was du spielst. Ich mag dich wirklich und schätze deine Musik. Bitte spiel sie für mich. Deshalb bin ich gekommen. Und die Leute, die zu deinem Debüt kommen, *wollen* dich spielen hören." Dann zeigte ich ihm, wie er seinen Kopf gehalten hatte: „Wenn ich meinen Kopf jetzt so hängen lasse wie du beim Spielen, was denkst du dann von mir? Aber schau einmal, wenn ich meinen Kopf hebe. Findest du nicht, daß ich ein ganz anderer Mensch werde? Findest du nicht, daß ich dir etwas ganz anderes mitteile? Ich werde heute abend in der Mitte der vierten Reihe sitzen und ich komme, um dich zu hören. Bitte spiele es für mich, für uns alle." Dann trat sein Lehrer ein, und ich ging ruhig aus dem Raum. Ich wollte keine Schwierigkeiten heraufbeschwören.

Ich war nur ungefähr eine Minute mit ihm zusammen gewesen. Hatte es möglicherweise schon ausgereicht? Ja. Als er an jenem Abend auf die Bühne trat, um zu spielen, war seine Haltung aufrecht und sein Kopf oben. Kurz bevor er zu spielen begann, schaute er mich direkt an, und er spielte ganz anders. Er spielte für uns. Er wollte teilen.

Des öfteren vergaß er seinen Vorsatz, der Kopf fiel nach vorn und der Körper in sich zusammen. Doch dann schaute er mich aus dem Augenwinkel an, fast durch die Saiten der Geige, und ich sagte ihm mit einer Handbewegung, daß er für uns spielen solle; dann hob er wieder seinen Kopf und spielte an uns alle. Das Debüt war ein großer und verdienter Erfolg.

Was es heißt, Risiken einzugehen

Ed Simons gewidmet

Ein Merkmal scheint mehr als jedes andere geradezu einzigartig in der Musik von Ed Simons zu sein: die Risiken, die er sowohl beim Spielen als auch beim Dirigieren eingeht. Viele Musiker, mit denen ich gearbeitet habe, und andere, die ich aus Auftritten kenne, gehen offensichtlich Risiken ein, aber keiner zeigt den Wagemut von Ed Simons. Das macht seine Musik so vital und aufregend, das macht ihr Leben und ihre Echtheit aus. Musik ist Ausdruck der widersprüchlichen Kräfte in uns, Ausdruck von Anspannung und Auflösung. Und das kann am besten zum Ausdruck kommen, wenn der Musiker ständig auf jenem schmalen Grat spielt, wenn er alles für den stärkstmöglichen Ausdruck der Spannung riskiert, wenn immer die Möglichkeit besteht, daß er einen Fehler macht, gerade weil er so aus sich herausgeht. Geht er aber nicht so weit, fehlt der Musik ein gewisses lebenswichtiges Element, das meiner Meinung nach wesentlich ist, um die unserem menschlichen Wesen innewohnenden Konflikte optimal auszudrücken. Ein Rennfahrer hat mir einmal erzählt, daß man nur lernt, wie schnell man in die Kurve gehen kann, indem man die Kurve immer schneller nimmt, bis man zu schleudern beginnt, die Kontrolle zu verlieren droht, um sie dann mit ein wenig reduzierter Geschwindigkeit zu fahren. So macht es auch Ed. Man meint, er könnte jeden

Moment die Kontrolle verlieren, so vollständig drückt er sich in der Musik aus. Es gibt kein Zurückhalten. Aber er verliert nie die Kontrolle. Und das macht sein Genie aus.

Im Verhältnis dazu geht fast jeder andere professionelle Musiker auf Nummer Sicher. Wenn man sie einige Male dieselben oder ähnliche Werke hat spielen hören, treten die Muster hervor. Die Auftritte wirken fixiert, routinemäßig, wie „am Schnürchen", als ob sie sich aufziehen, bevor sie auf die Bühne gehen, und dann einfach das Uhrwerk ablaufen lassen. Vielleicht ist das notwendig in einer Zeit, in der ein Musiker jeden Abend in einer anderen Stadt, vielleicht sogar in einem anderen Land ist, hierhin und dorthin jettet, hier eine Fernsehsendung, dort eine Radiosendung, ein Konzertsaal hier, dann zum nächsten usw. Er muß seine Darbietung absolut unter Kontrolle haben, so daß er immer, zu jeder Zeit und an jedem Ort, die „Ware" produzieren kann. Doch diese „Ware", dieses „Produkt" klingt immer etwas nach Konserve und wir wissen, daß sie nicht für uns frisch zubereitet wurde.

Hand in Hand damit geht eine zunehmende Reduzierung des Repertoires; dieselbe kleine Anzahl Komponisten und dieselbe relativ kleine Anzahl Werke werden immer wieder gespielt. Es gilt das Motto: „Kein Abenteuer, kein Risiko. Bleib bei dem, was sich verkauft. Bleib bei dem, was du spielen kannst. Riskiere nichts. Geh auf Nummer Sicher. Geh nicht an den Rand."

Eds Spiel ist nicht so, und auch viele große

Volksmusikinterpreten spielen nicht so. Bei ihnen gibt es immer ein Gefühl von Frische und Neuheit. Immer anders, immer neu, immer ein wenig weiter greifen. Ich denke an zwei irische Musiker, den Dudelsackpfeier Seamus Ennis und den Geiger John Doherty. In ihrem Spiel ist eine Wildheit, die das Gefühl hervorruft, daß jeden Moment etwas schief gehen kann, daß sie die Rhythmen, die Harmonien und vor allem die Tongenauigkeit zu weit getrieben haben, doch sie gehen nie zu weit. Die Musik steht kurz davor zusammenzubrechen – und tut es doch nie.

Ich habe viele Töpfer gesehen, die sehr darauf achten, daß sie nicht zu weit gehen. Die Wände ihrer Gefäße sind dick. Ich habe aber auch Töpfer erlebt, die die Wände so dünn machen, daß man meint, das Stück könnte jeden Moment ruiniert sein, aber es geschieht nicht, denn sie sind Meister in ihrem Handwerk. Ihr Leben steckt in der Spannung, darin, daß sie so weit gehen, wie sie nur können, und das Maximum dessen, was im Ton steckt, ausdrücken. So machen es die großen Volksmusiker. So macht es auch Ed Simons.

In der Volksmusik sind Fehler erlaubt. Bei klassischer Musik aber, mit den Kritikern im Nacken und den „gebildeten" Zuhörern, verhält es sich anders. Es braucht eine besondere, sehr mutige Art von Mensch, um die Musik bis an die Grenzen zu treiben, das Risiko auf sich zu nehmen. Ed ist mit dem entsprechenden Charakter gesegnet. Im Grunde seines Wesens ist er ein sehr großer Optimist. Vielleicht kann man ihn am besten „Lächler" bezeichnen. Er scheint ständig zu lächeln, ständig glücklich zu sein. Ein Mann, der Angst nicht zu kennen scheint. Ein Mann, der mit Selbstsicherheit, Vertrauen und Optimismus über diese Erde geht. Oft, sagt er, wacht er morgens lachend auf und springt aus dem Bett, um den Tag zu umarmen, wandert im Haus herum und singt dabei vor sich hin, so laut er kann; einfach glücklich, daß er lebt, und glücklich daß er einen weiteren Tag hat, um zu musizieren. Er hat mir einmal von einer Begebenheit erzählt, bei der er in einer persönlichen Beziehung sehr verletzt worden war. Er drückte aber keine negativen Gefühle dem Mann gegenüber aus, der ihn verletzt hatte, wie es fast jeder andere in der Situation gemacht hätte. Statt dessen lachte er einfach, zuckte die Achseln und sagte: „Es ist ja nicht mein Problem. Er muß eine schreckliche Mutter gehabt haben." Er ließ die Episode einfach los. Mit einem Lachen, mit einem Lächeln war sie weg. Keine Narbe blieb zurück. Er hatte vergeben und vergessen. Er ist äußerst optimistisch, aber dennoch realistisch – ein Optimist mit klarem Kopf. Neulich mußte er um seine Gesundheit fürchten. Angeblich hatte er eine ernste Krankheit. Für seine Freunde war es eine Zeit voller Angst, bis die Labortests wiederholt wurden. Glücklicherweise stellte sich heraus, daß die Diagnose nur ein Laborirrtum gewesen war. Doch auch in dieser ganzen Zeit war Ed glücklich wie immer, nicht ängstlich, sondern optimistisch, immer voller Hoffnung, ständig lächelnd, immer liebevoll, immer zuversichtlich. Das bringt er in jede Aufführung mit. Das Selbstvertrauen, die Sicherheit und den Optimismus, seine Musik bis zum Äußersten leben, so wie er auch sein Leben lebt.

Ich zeige vielen jungen Musikern Bilder von Eds lächelndem Gesicht, spiele ihnen Aufnahmen von ihm vor – und ermuntere sie, die selben Risiken auf sich zu nehmen wie er. Und ich hoffe, daß sie genauso groß werden, wenn sie sein Selbstvertrauen entwickeln.

Falsche Noten

Ich stand vor der Tür und hörte der Pianistin zu. Ich hatte sie schon oft beim Üben und bei Auftritten gehört, doch noch nie hatte sie so schön wie jetzt gespielt. Das klang frei und fließend, aber vor allem enthielt ihr Spiel viel mehr Abenteuerlust als sonst. Ich ging ruhig hinein und setzte mich. Sobald sie mich bemerkte, veränderte sich ihr Spiel. Sie erstarrte. Die Abenteuerlust und die Erregung verschwanden, und ihre Musik wurde so, wie ich sie kannte, sorgfältig kontrolliert. Was mußte mit ihr erst vor einem größeren Publikum geschehen, wenn schon meine Anwesenheit – die eines Freundes – sie so beeinflußte. Warum?

Etwas später unterhielten wir uns über ihre Lehrtätigkeit, die sie sehr liebt. Dann sah ich ihr bei einer Unterrichtsstunde zu, um zu sehen, wie sie auf das Lehren reagierte. Ich stellte fest, daß sie jedes Mal, wenn der Schüler eine falsche Note spielte, schwach testete. Ich begann zu erkennen, warum ihr Spiel erstarrt, wenn sie weiß, daß jemand sie hört. Sie hat sehr große Angst davor, eine falsche Note zu spielen, deshalb kontrolliert sie sich sehr, um das Risiko eines Fehlers zu reduzieren; so verliert ihr Spiel allmählich alle Spontanität und Liebe. Ich ließ einen Pianisten für sie spielen, und derselbe Effekt trat ein. Jedesmal wenn er eine falsche Note spielte, testete sie schwach.

Ich muß betonen, daß der Pianist die Note absichtlich falsch spielte und daß er folglich aufgrund des Fehlers keinen Streß empfand, wie es vielleicht der Fall gewesen wäre, wenn er zufällig die Note falsch gespielt hätte. Somit war nicht er es, der den Streß auf sie übertrug. Das Problem lag allein in ihrer Wahrnehmung der falschen Note.

Ich habe mich oft gefragt, warum wir uns so viel Sorgen um falsche Noten machen. Es gibt viele Aufnahmen bei denen aus verschiedenen Gründen die falschen Noten nicht herauskopiert wurden, besonders bei „Live"-Aufnahmen und die alten 78-Aufnahmen. Viele Kritiker haben darüber geschrieben, wie sie auf die falsche Noten warten, die sie von einer Aufnahme kennen. Diese eine falsche Note, die vielleicht erst in einigen Minuten kommt, verfolgt sie. Sie können die Musik nicht genießen. Sie sind besessen von dieser einen falschen Note. Warum? Was ändert sich durch sie? Der Pianist hat Tausende von Noten gespielt. Warum kommt es auf ein halbes Dutzend falscher Noten an? Sie zerstören nicht die Struktur des Stückes. Sicherlich sind sie nicht das, was der Komponist geschrieben hat, und ein bestimmter Takt des Stückes wird dadurch verändert, doch das ist nur momentan. Es ist eigentlich nicht wichtig. Und doch gibt es in jeder Konzertpause Gespräche über falsche Noten – als ob sie wichtig wären! Sie sind nicht wichtiger als Druckfehler, über die wir einfach hinweglesen. Warum machen wir uns so viel Gedanken über eine falsche Note, ob als Zuhörer oder als Musiker?

Viele Musiker haben mir berichtet, wie die Angst vor einer falschen Note ihre Auftritte beeinträchtigt. Von Alpträumen erzählen sie, und ihre Angst ist fast greifbar, wenn sie daran denken, in einem wichtigen Konzert eine falsche Note zu spielen. Aber warum? Bei dieser Pianistin stellte ich fest, so wie ich es bei vielen anderen Musikern und Zuhörern festgestellt habe, daß die falsche Note einen spezifischen Akupunkturmeridian beeinflußt.[1] Er steht in Beziehung zum Gefühl des Bedauerns, zum Festhalten an einer unangenehmen Erfahrung aus der Vergangenheit. Sie beeinflußt sie, und sie können nicht loslassen. Irgendwie erinnert die falsche Note sie daran und versetzt sie durch den entsprechenden Meridian in den Streßzustand. Es liegt der Gedanke nahe, daß sie einmal in einem öffentlichen Konzert eine falsche Note oder (verhüt's Gott) eine ganze Reihe davon gespielt haben, oder daß sie einmal von ihren Eltern oder Lehrern für falsche Noten heftig gescholten worden sind. Ja, es gibt einige isolierte Beispiele dafür, doch fast immer ist dies *nicht* der Fall. Es scheint kein spezifisches Ereignis dieser Art in der Vergangenheit zu geben. Viele – so die von mir erwähnte Konzertpianistin – geben an, das sei nie der Fall gewesen. Ihre Eltern haben sie nicht besonders wegen falscher Noten kritisiert, und ihre Lehrer ebensowenig. Es muß ein anderes, psychologisch bedeutsames Ereignis geben, das durch die falsche Note oder auch nur den Gedanken daran aktiviert wird.

Mit Hilfe von Verfahren wie dem folgenden konnten wir solche Ereignisse ermitteln und bewältigen. Nehmen wir unsere Konzertpianistin als

Beispiel. Ich ließ sie sich vorstellen, sie sei zehn Jahre alt, während wir einen Pianisten ein Stück mit einigen falschen Noten spielen ließen. Sie teste stark. Dann ließ ich sie denken, sie sei fünfundzwanzig Jahre alt; wieder spielte der Pianist einige falsche Noten und sie testete schwach. Also wußte ich, daß die traumatische Begebenheit, die den Meridian mit dem Gefühl des Bedauerns verbunden schwächte, irgendwann zwischen dem zehnten und dem fünfundzwanzigsten Lebensjahr stattgefunden hat. Indem wir so weitertesteten, fanden wir heraus, daß sie stark testete, wenn sie an sich als neunzehnjährige Schülerin dachte und dabei die falsche Note hörte, aber schwach, wenn sie die falsche Note bei der Vorstellung, sie sei zwanzig Jahre alt, hörte. Was war zwischen dem neunzehnten und zwanzigsten Lebensjahr die „falsche Note" in ihrer Musik? Sie schüttelte den Kopf: „Mir fällt nichts ein." „Gut", sagte ich, „was war die falsche Note in deinem damaligen *Leben?* Da wurde sie plötzlich blaß, ihre Stimme veränderte sich, und sie sagte: „Damals hatten mich meine Eltern überrascht, als ich mit einem Mann, meinem ersten Liebhaber schlief, und sie haben mir nie vergeben. Auch nach all den Jahren beschäftigt mich ihre Reaktion noch. Es war keine schöne Zeit."

Dann bat ich sie zu sagen: „Ich lasse alle Gefühle los, die ich meinen Eltern und meinem Liebhaber gegenüber habe." Nachdem sie das gesagt hatte, testete sie stark, wenn sie eine falsche Note hörte, denn sie hatte die Situation, die zu dem Bedauern führte, losgelassen. Sie hat weiter an diesem Problem gearbeitet, und wenn sie jetzt vor Leuten spielt, wagt sie mehr und ist weniger gehemmt. Sie kann mehr Risiken eingehen, weil sie viel weniger Angst vor falschen Noten hat. Ähnliches habe ich auch bei vielen anderen Musikern festgestellt. Ihre Reaktion auf eine falsche Note steht gewöhnlich nicht im Zusammenhang mit einer musikalischen Erfahrung aus der Vergangenheit, sondern mit einer Lebenserfahrung aus der Vergangenheit, die irgendwie, aufgrund der besonderen Mysterien der Musik, durch eine falsche Note aktiviert wird. Im großen und ganzen suche ich also die Ursache nicht in einem falschen Ton in der *Musik*, sondern in einer falschen Note im bisherigen *Leben.*

Ein anderer Musiker hatte dem Test nach während seines letzten Jahres an der High School eine traumatische „Falsche-Noten"-Erfahrung gemacht. Etwas Peinliches, das irgendwie mit Sex zu tun hatte, war passiert. Er war von seinen Eltern in Bezug auf seine Sexualität falsch beurteilt worden. Wir konnten mit Hilfe von Tests feststellen, daß das Ereignis geschehen war, nachdem er abends mit einer Gruppe junger Leute ausgegangen war. Er hatte ein Mädchen mit nach Hause gebracht, und seine Mutter sagte: „Die ist nicht gut genug für dich." In ihrem Kommentar lag ein sexueller Unterton, der implizierte, daß er schlecht und schmutzig wäre, wenn er mit ihr ausginge. Dies erfüllte ihn mit Bedauern und er erkannte, daß er vor seiner Mutter sexuell eine falsche Note gespielt hatte; seitdem greift ihn jede falsche Note an. Er sagt: „Ich lasse mein Bedauern über die Erfahrung los." Wenn er jetzt an eine falsche Note denkt, testet er stark. Seitdem dies Problem aufgedeckt und in kontinuierlicher Arbeit aufgelöst wurde, haben sich seine Darbietungen stark verbessert.

Wenn man das Bedauern überwindet, indem man die vergangene Erfahrung losläßt, gibt es keine unvernünftigen Ängste und Reaktionen bei falschen Noten mehr. Das ist ein schönes Beispiel dafür, wie die Musik das Leben widerspiegelt.

Angenommen, Sie spielen doch eine falsche Note. Gibt es eine Möglichkeit, den Effekt auf die Zuhörer zu reduzieren? Ja, und es ist sehr einfach. Kommen wir zurück zu der Situation, in der ein Pianist absichtlich falsche Noten spielt, während ich jemand teste. Wenn er beim Spielen einer falschen Note daran denkt, mehr Liebe in sein Spiel einzubringen, überwindet dieser Anstieg an Energie, den er übermittelt, den Streßeffekt beim Zuhörer.

Dies führt uns zu sehr wichtigen Rollen des Publikums. Wenn die Zuhörer selbst voller Bedauern über falsche Noten in ihrem Leben kommen, wird jede falsche Note, die sie im Konzert hören, sie verfolgen und stark beeinträchtigen – viel stärker, als es rein musikwissenschaftliche Überlegungen rechtfertigen würden. Der Zuhörer sollte also auch die falschen Noten in seinem Leben loslassen, bevor er in ein Konzert geht. Ebenso werden auch Musikkritiker viel weniger davon besessen sein, die falschen Noten zu finden, wenn sie die falschen Noten in ihrem eigenen Leben losgelassen haben.

1 Ich verweise auf mein Buch: Die heilende Kraft der Emotionen

„Im Mittelpunkt stehen" und hohe Töne

Linda ist Koloratursopran, deshalb liegt natürlich viel von dem, was sie singt, in der oberen Tonlage. Und doch höre und fühle ich in dieser Tonlage eine Anspannung, die ich bei tieferen Tönen nicht höre. Ein Test bestätigt das. Sie fühlt sich tatsächlich in tieferen Tonlagen viel wohler. Ich habe sie bei der Aussage „Ich singe gern in tieferen Tonlagen" getestet; sie testete stark. Auch bei „Ich singe gern in mittlerer Lage" testete sie stark. Aber auf „Ich singe gern in hohen Tonlagen" testete sie schwach. Und doch haben all ihre Lehrer das Gegenteil behauptet. Seit ihren ersten Tagen im Juilliard-Konservatorium hatten alle sie ermutigt, Koloratursopran zu werden, aber sie ist keineswegs überrascht über die Ergebnisse des Tests. Sie hat sich bei tieferen Tonlagen immer besser gefühlt. Sie fühlt sich im Grund als Mezzosopran, und bevor sie nach Juilliard ging, hatte sie immer Mezzosopranstücke gesungen. Bei einem Koloratursopran ergeben sich potentiell viele Persönlichkeitsprobleme, die auch für andere Spieler hoher Instrumente typisch sind – Geiger, Flötistin, Oboisten etc. Es gibt zwar viele glorreiche Ausnahmen, doch im allgemeinen neigen sie eher zu Narzißmus und Ichbezogenheit als Musiker mit tieferen Instrumenten. Die meisten von ihnen testen stark, wenn sie sagen „Ich möchte im Mittelpunkt der Aufmerksamkeit stehen". Und das erreicht man mit einer hohen Stimme. Sie stellt die Sängerin zumindest im übertragenen Sinne in die Mitte der Bühne. Sie bekommt die gesamte Aufmerksamkeit des Publikums. Linda aber ist im Grunde nicht dieser Typ. Sie ist in vieler Hinsicht ruhig und zurückhaltend. Ich weiß, daß sie die Musik sehr liebt und daß es ihr nicht darauf ankommt, mit ihrem Können anzugeben, um in der Mitte der Bühne zu stehen. Und doch ist genau dies das Testergebnis. Mit weiteren Tests fanden wir heraus, wann es angefangen hatte. Gleich am allerersten Tag am Konservatorium wurde sie wie viele andere von ihrer tiefen Liebe zur Musik weggebracht. Weg vom Singen im Mezzosopran, von den Bach-Arien und ihrem Wunsch, ihr Leben der Musik zu widmen. Nach einem Tag am Juilliard-Konservatorium wollte sie Mittelpunkt der Aufmerksamkeit sein – nicht Bach, sondern sie sollte es sein. Um das zu erreichen, gab sie die Tonlage auf, die ihr entspricht, und wechselte zu einer aufgepfropften, grell auffälligen Tonlage, die eigentlich nicht die ihre ist. Auch jetzt, nach mehreren Jahren, empfindet sie noch immer Streß, wenn sie in dieser Tonlage singt. In Wirklichkeit möchte sie für die Musik singen, nicht im Mittelpunkt der Aufmerksamkeit sein. Doch Juilliard und seine Lehrer hatten sie dazu ermuntert, im hohen Register zu singen. Ich erlebe das immer wieder bei Studenten aus Juilliard und ähnlichen Institutionen. Die Versuchung, das Ego zu glorifizieren. Wenige können widerstehen. Solche Schulen lassen sie und uns im Stich.

Die junge Pianistin und ihre Lehrerin

Probe eines klassischen Symphonieorchesters. Den Höhepunkt bildete ein Satz aus einem Klavierkonzert von Mozart, gespielt von einem neunjährigen Mädchen; sie hatte einen Wettbewerb gewonnen, den die Musiklehrer der Gegend veranstaltet hatten. Sie spielte nicht nur unglaublich gut, sie konnte auch die gesamte Partitur auswendig. Wenn der Dirigent sie bat, zu einer bestimmten Stelle zurückzugehen, konnte sie das auf Anhieb. Sie ist eine bemerkenswerte Pianistin und hat wahrscheinlich eine vielversprechende Karriere vor sich. Mein Interesse wanderte jedoch von ihr zum anderen Ende des Probenraumes, wo ihre Lehrerin, eine ältere Frau, saß. Ihre Körperhaltung war denkbar starr und angespannt, ihr Gesichtsausdruck unbeweglich, streng und hart, die Lippen zusammengepreßt. Etwas ganz und gar Herrisches und Richtendes ging von ihr aus, etwas Furchterregendes. Sie saß da mit der Partitur vor sich, während das Kind spielte, klopfte sie mit ihrem Fuß den Takt und schrieb sich hier und da kleine Zeichen in die Partitur, als ob sie die Hausarbeit ihrer Schülerin korrigierte. Gelegentlich rief sie eine Anweisung hinüber, immer auf die Technik bezogen, nie auf Interpretation oder Gefühl. Als die Probe vorbei war, nickte sie kurz, um ihre Anerkennung auszudrücken, und um ihre Lippen spielte ein leichtes Lächeln. Aber es schien nicht lange verweilen zu wollen und verschwand bald. Nach der Probe kam der weise alte Pauker zu mir und sagte, wie gut sie gespielt habe. Und wie er dann zu dem kleinen Mädchen herüberschaute, schüttelte er den Kopf, dort stand sie neben ihrer Lehrerin, die mit ihr die Partitur durchging und sie für diverse Fehler, die sie anscheinend gemacht hatte, tadelte. Er schüttelte wieder den Kopf und sagte: „Sie spielt so gut. Sie spielt so gut – aber es ist so traurig." Genau das empfand auch ich im darauffolgenden Konzert. Technisch spielte sie gut, aber sie war nicht mit dem Herzen dabei, es gab kein Leben. Sie schien wie eine aufgedrehte Puppe. Da war keine Menschlichkeit. Akkurat arbeitende Finger, von einer Feder kontrolliert, nicht vom Herzen. Es war sehr traurig.

Nach der Vorstellung erhielt sie einen Blumenstrauß, der fast so groß war wie sie selbst. Und das Publikum applaudierte. Sie hatte so gut gespielt. Ja, in gewisser Hinsicht hatte sie wirklich gut gespielt. Ihre Lehrerin, noch irgendwie streng, nahm all das Lob entgegen, mit dem man sie überhäufte. Ihr kleines Wunderkind hatte so funktioniert, wie sie es programmiert hatte, der Start war reibungslos verlaufen. Sie befand sich auf Kurs, auf das Ziel programmiert, Juilliard zu erreichen, dort mehrere Jahre eine Umlaufbahn zu beschreiben, dann in eine andere Umlaufbahn zu gelangen, – in die Konzertkarriere. Es lag alles vor ihr. Die Lehrerin war stolz, sie war stolz, ihre Eltern waren stolz. Und ich war traurig.

Tiefe Töne

Als ich einmal mit einem Cellisten arbeitete, entdeckte ich, daß immer dann Streß in seine Musik kam, wenn er eine Note in der unteren Oktave spielte. Sein Spiel hatte nicht das tiefe, vom Herzen empfundene Vibrieren, das die Seele des Cellos ausmacht. Bei höheren Tönen konnte ich die Lebensenergie fühlen, wenn er aber herunterging, kam Streß auf, und die Energie sank. Der Ton wurde irgendwie dünner, nicht charakteristisch für das Cello. Aus irgendeinem Grund konnte er die für dieses Instrument typische Qualität nicht erzeugen. Ich ließ ihn zwei Oktaven über dem tiefsten Ton beginnen und Ton für Ton die Tonleiter heruntergehen, während ich einen Zuhörer testete. Der Zuhörer testete stark, bis Walter zu eineinhalb Oktaven über dem tiefsten Ton kam; auch bei allen tieferen Tönen testete er schwach.

Warum sank die Lebensenergie so plötzlich? Ich ließ Walter sagen: „Ich spiele die hohen Töne gern"; und er testete stark. Wenn er aber sagte: „Ich spiele die tiefen Töne gern", testete er schwach. Dann ließ ich ihn die tiefen Töne noch einmal spielen, während ich die Testperson testete, um herauszufinden, welches spezifische emotionale Problem aktiviert wurde. Mit Hilfe komplizierter Tests, die den Rahmen dieses Buches überschreiten, stellten wir fest, daß der spezifische emotionale Aspekt ein Gefühl der sexuellen Überlegenheit war.[1] Spezielle Tests an Walter bestätigten das. Wir fanden weiterhin heraus, daß dieses

Gefühl der sexuellen Überlegenheit zum ersten Mal vor ungefähr fünf Jahren aufgetreten war. Er war damals mit seiner damaligen Freundin Sonia zusammengezogen und hatte mit ihr bis vor kurzem zusammengewohnt. Ich dachte an das Überlegenheitssyndrom und fragte ihn, in welcher Position sie sich normalerweise liebten. Er sagte, sie ziehe es vor, oben zu liegen, und daß sie deshalb fast immer in dieser Position miteinander schliefen. Als ich fragte, ob er es auch gern möchte, sagte er: „Nein, es hat mir Angst gemacht, aber Sonia bestand darauf."

Sonia war auch Cellistin und sie hatten oft Duette zusammen gespielt. Ich fragte: „Wer gab den Ton an, wenn ihr gespielt habt?" Ein breites Lächeln ging über sein Gesicht und er sagte: „Oh, Sonia natürlich!" Dann fragte ich, wer die tiefere Stimme bei den Duetten gespielt habe, und er antwortete: „Immer ich." Dann grinste er mich an und sagte: „Ich verstehe jetzt langsam, was hier vorgeht." Er dachte ein wenig nach und sagte: „Ich muß mich durchsetzen. Ich muß das Problem überwinden, daß ich nicht mag, wenn Sonia oben ist und die Kontrolle ausübt, nicht wahr?" Einige Minuten später begann er wieder zu spielen, und zum ersten Mal hörte ich ihn all die Kraft, die in den tiefen Tönen des Cellos steckt, hervorbringen. Das Vibrieren war da. Es war, als käme es aus einem großen, starken, pulsierenden Herzen. Auch Walter hörte es. Seit dieser Zeit haben ihm eine Reihe von Musikern gesagt, sein Spiel habe sich verändert. Walter mag jetzt die tiefen Töne, und es stört ihn nicht mehr, wenn jemand anders „oben ist".

Neulich habe ich mit einem anderen Cellisten gearbeitet und festgestellt, daß auch er stark testete, wenn er sagte: „Ich spiele gern die hohen Töne", und schwach bei der Aussage: „Ich spiele gern die tiefen Töne". In seinem Fall jedoch rührte das Problem daher, daß seine wirkliche Liebe, sein Lieblingsinstrument, die Violine ist. Obwohl er ein sehr guter Cellist ist, sehnt er sich noch immer nach der Violine. Die höchsten Töne des Cello erinnern ihn an die Violine, die tiefen, für das Cello charakteristischen Töne jedoch waren nicht „er", und deshalb spielte er sie auch nicht gern. Als ihm das bewußt geworden war, war es leicht für ihn, das Problem zu überwinden, und jetzt spielt er mit neuer Liebe für sein zweites liebstes Instrument.

1 Es ist unglaublich, wie genau der Zuhörer den negativen oder positiven emotionalen Zustand der Musiker und auch des Komponisten aufnimmt. Ein Wunder, das mich immer wieder in Erstaunen versetzt. Die Tatsache, daß diese Zustände so genau übertragen werden können, spricht sehr für die Reinheit der Musik als Trägerin von Emotionen.

Berlioz und die „Idée fixe“

Tom ist ein netter Mann. Ich liebe ihn, und seine Familie liebt ihn, aber er kann uns alle verrückt machen. Er entwickelt eine Idee und läßt einfach nicht davon los. Er neigt zu „verbohrtem“ Verhalten. Es kommt vor, daß ich und seine Familie sich gerade mit ihm unterhalten, und er plötzlich die Vorstellung hat (im allgemeinen zumindest teilweise berechtigt), daß zum Beispiel eine seiner Töchter ihn nicht mag. Von dieser Vorstellung läßt er nicht ab, bringt sie immer wieder in die Unterhaltung ein. Seine Tochter regt sich darüber auf, wir alle regen uns darüber auf, wir sagen ihm: „Wir haben gehört, was du uns zu sagen hattest, laß uns jetzt das Thema wechseln.“ Doch nach ein bis zwei Minuten kommt er wieder darauf zurück. Es scheint in seinem Kopf herumzuschwirren und immer wieder herauszukommen. Wenn er erst einmal „vernagelt“ ist, ist es kaum möglich, ihn davon abzulenken. Das kann sehr ermüdend für uns und für ihn sein. Ihm ist klar, daß er festsitzt, er würde es gern vergessen und zu etwas anderem übergehen, aber er schafft es nicht. Er hält endlos und verkrampft an seiner Idee fest, hat eine „fixe Idee“.

Harold und Tilly sind seit vielen Jahren verheiratet und haben im großen und ganzen eine gute und liebevolle Beziehung zueinander. Aber Harold hat einmal einen Seitensprung gemacht, und Tilly hat davon erfahren. Seitdem geht es ihr nicht aus dem Kopf. Immer wieder, tagein, tagaus, erwähnt sie es, vor allem, wenn sie zu Bett gehen. Sie sagt:

„Ich weiß, es geht ihm auf die Nerven, aber ich kann es einfach nicht lassen, es geht mir die ganze Zeit durch den Kopf. Es sitzt dort fest."

Ich muß an all die gestörten paranoiden Patienten denken, die eine Idee im Kopf hatten, die sie einfach nicht losließ. Ich erinnere mich an eine Frau, die an einer der Hauptausfallstraßen der Stadt wohnte. Sie hatte die paranoide Wahnvorstellung, daß alle Autos, in denen ein Mann allein saß, nur ein Ziel hatten – sie fuhren an ihrem Haus vorbei, um festzustellen, ob der Moment günstig wäre, sie zu vergewaltigen. Sie verbrachte fast den ganzen Tag damit, vom Fenster aus die Autos zu beobachten und sich die Nummern zu notieren. Alle paar Tage brachte sie dann die Nummern zur Polizei und wollte die Männer anzeigen. Die Polizei, ich und viele andere Ärzte versuchten, ihr diese Wahnvorstellung auszureden. Vergeblich. Sie saß absolut fest, wie Beton.

Sheila glaubt, sie sei in ihren Arzt verliebt. Der Gedanke geht ihr nicht aus dem Kopf; ständig denkt sie daran, in ihn verliebt zu sein, ihn zu heiraten und mit ihm zu schlafen. Er ist schon fest verheiratet. Dennoch geht ihr der Gedanke nicht aus dem Kopf.

Sie werden eigene Beispiele haben – sie sind nicht schwer zu finden. Aber denken Sie jetzt einmal an das vielleicht berühmteste Beispiel in der Musik, an Berlioz und seine Symphonie Fantastique. Er nannte sie „Eine Episode im Leben eines Künstlers". Das immer wiederkehrende Thema ist eine „Idée fixe", die die Besessenheit des Künstlers von der Frau, die er anbetet, repräsentiert. Es gibt, so Hugh McDonald, „keinen Zweifel, wer der Künstler und wer die Frau ist.“[1] Die „Idée fixe“ ist Harriet Smithson, eine Schauspielerin, von der Berlioz besessen war, nachdem er sie Ophelia hatte spielen sehen. „Sofort und heftig geriet sein Gefühlsleben aus dem Gleis. Während der nächsten zwei Jahre verfolgte er sie unbarmherzig, wartete auf ihre Rückkehr nach Paris und suchte vergeblich nach einer Möglichkeit, sich ihr zu nähern.[2] In diesem Zustand der Besessenheit schrieb er die Symphonie Fantastique. Später gelang es ihm, ihr vorgestellt zu werden, und schließlich heiratete er sie. Doch wie McDonald schreibt: „Die Beziehung, die im Ideellen begonnen, konnte im grellen Licht der Alltagswirklichkeit nur verderben, und die gänzlich romantische Verbindung des Künstlers mit der idealen Frau fand ein bitteres Ende.“ Wie leider bei den meisten „Idées fixes“ finden wir hier das Element des Unwirklichen.

Das war aber nicht die erste derartige Besessenheit in Berlioz' Leben. Im Alter von zwölf Jahren traf er eine Neunzehnjährige namens Estelle Duboeuf und verliebte sich leidenschaftlich in sie. „Die Erinnerung an diese erste und erklärte Liebe blieb sein ganzes Leben lang haften.“ Inspiriert von dieser Liebe komponierte er ein Lied. Die Melodie des Liedes, das er mit zwölf Jahren schrieb, soll das Thema des Symphonie Fantastique werden.[3] Es erscheint auch in Opus 14 b, Lélio (1831). Erst im Alter von sechzig Jahren sah er Estelle wieder. Harriet war inzwischen gestorben, und er verspürte den Drang, Estelle zu suchen. Schließlich fand er sie in Lyon und besuchte sie. „In dem Augenblick, als ich sie sah, sprang meine Seele heraus zu ihrem Idol, so als ob sie sich noch immer in der Pracht ihrer Schönheit befände." Für den Rest seines Lebens schrieb er ihr fast jeden Monat und besuchte sie bei mehreren Gelegenheiten. Wie McDonald sagt: „Das volle Ausmaß seiner Abhängigkeit von diesem kurzen Augenblick der Kindheit ist kaum zu schätzen: er hatte sich nicht zum ersten Mal in eine idealisierte Vision verliebt, nicht zum ersten Mal war die Realität in der Phantasie verklärt worden."[4]

Im Falle der von mir erwähnten Patienten und bei vielen anderen ist es recht einfach, ihren Vorstellungen etwas von der Fixiertheit zu nehmen, auch in Fällen von starker Paranoia. Was aber bei Berlioz? Es gäbe vermutlich einen gewaltigen Aufschrei unter dem Motto „Lindert seine Fixierungen nicht – seht nur, sie haben zur Symphonie Fantastique geführt. Wenn man ihn davon befreit hätte, hätten wir jetzt nicht die Symphonie." Ja, aber wir hätten andere, bessere Werke von ihm. Sein ganzes Leben lang war dieser arme Mann ein Gefangener. Sein ganzes Leben trug er eine fixe Vorstellung mit sich herum, ein unwirkliches Bild. Als er später eines seiner Bilder heiratete, scheiterte die Ehe. Sein ganzes Leben lang war er besessen, war er weniger fähig, wahrhaft in der Gegenwart zu lieben, weil er auf die Vergangenheit fixiert war. Und Beethovens Besessenheit hinsichtlich Johanna?[5] Wieviel Energie hat ihm das entzogen? Wieviel Haß hat es in ihm erzeugt? Um wieviel größer wäre er vielleicht ohne diese negative Einstellung gewesen? Vielleicht hätte er die Neunte Symphonie einige Jahre früher komponiert. Und wer weiß, was er vielleicht noch komponiert hätte? Vielleicht hätte er länger gelebt und mehr komponiert.

Im Fall Berlioz fällt es nicht schwer, die romantische Vorstellung zu übernehmen, daß die „Idée fixe" ein schöner pikanter Faktor in seinem Leben war. Aber war sie so angenehm? Welche Not veranlaßte ihn, an dieser Vorstellung mit solch einer Beharrlichkeit, mit solch einer Besessenheit festzuhalten. „Aber", könnte man sagen, „hält schließlich nicht auch ein religiöser Mensch so an Gott fest?" Es gibt einen grundlegenden Unterschied. Wenn ein religiöser Mensch Gott findet, läßt er nicht los, aber als Berlioz schließlich Harriet traf und heiratete, scheiterte die Beziehung."[6] Und als er nach fast fünfzig Jahren schließlich Estelle wiederfindet, ist er weiterhin besessen von ihr – aber es gibt keine wahre Wiedervereinigung. Es geht ihm vielmehr darum, die Besessenheit aufrechtzuhalten. Er will sie nicht finden, wie der religiöse Mensch Gott finden will. Eher möchte er daran *denken,* sie zu finden. Ich glaube, daß sein Leben sehr verarmt gewesen sein muß, wenn er diese Besessenheit brauchte, so wie die arme, besessene Frau, die Angst hatte, vergewaltigt zu werden, sicher ein sehr verarmtes Leben hatte und nur deshalb ihre Wahnvorstellungen entwickeln mußte.

Ich weiß, daß viele sagen werden: „Laß den Künstler in Ruhe, störe seine Kreativität nicht.

Große Werke entstehen aus Schmerz." Daran glaube ich nicht. Ich glaube, daß große Werke aus Liebe entstehen. Und ich glaube, je freier der Komponist seine Liebe ausdrücken kann, desto kreativer wird er sein. Berlioz litt, und er hatte wie jeder andere auch das Recht, von seinen Qualen befreit zu werden. Soll der Arzt dem Künstler die Heilung vorenthalten, weil er sich einbildet, große Kunst entstehe aus Leiden?

1 Hugh McDonald, in: *The New Grove Dictionary of Music and Musicians* (London: Macmillan, 1980) Vol. II, S. 594
2 Ibid, S. 581
3 John Scrymgeour, Text auf der Hülle von Mercury Record Number SR 90254, *Symphonie Fantastique*
4 McDonald, *op. cit.,* S. 590
5 *Lebensenergie in der Musik,* Bd. I, S. 113–119
6 Näheres enthält: Peter Raby, *'Fair Ophelia': A Life of Harriet Smithson Berlioz* (New York: Cambridge University Press, 1982)

Der ideale Musiker

Was macht den idealen Musiker aus? Da sind natürlich eine Reihe von Faktoren, Qualitäten und Eigenschaften – weit mehr, als daß sie auf einigen Seiten zusammengefaßt werden könnten. Viele meiner Schriften, und insbesondere meine Schriften über Musik, befassen sich in gewissem Sinne mit dieser Frage. Ich möchte hier einige der eher offenkundigen Eigenschaften beschreiben, die dafür erforderlich sind.

Erstens muß der Körper physisch fähig sein, das Instrument zu spielen, dem musikalischen Wollen Ausdruck zu geben und die entsprechenden Bewegungen mit einem absoluten Minimum an Streß auszuführen. Anstatt durch den physischen Akt des Spielens gestreßt zu werden, sollte er eigentlich dadurch vitalisiert werden, so daß er am Ende einer Darbietung über ein höheres Lebensenergieniveau verfügt als am Anfang. Deswegen ist darauf zu achten, wie man den Körper einsetzt, zum Beispiel mit Hilfe der Alexander-Technik oder ähnlichen Übungen. Das kann auch physiotherapeutische Behandlungen einschließen. Weiter muß der Stoffwechsel des Körpers im Gleichgewicht sein. Der Musiker muß seiner Ernährung besondere Beachtung schenken. Die Veränderungen, die in Musikern stattfinden, wenn sie die Qualität ihrer Ernährung verbessern, sind erstaunlich. Ich hatte das Privileg, mit einigen Musikern zu arbeiten, die sich jahrelang in osteopathischer und chiropraktischer Behandlung befanden, sich mit Alexander-

Technik befaßt haben und außerdem Wert auf gute Ernährung gelegt haben. Nur wenn einer diesen physischen und physiologischen Faktoren Beachtung schenkt, wird es ihm möglich, optimale Arbeit zu verrichten und die Lebensenergie in der Musik vollständig freizusetzen. Dies ist die Grundlage für jedes Musizieren ohne Streß.

Zweitens muß der ideale Musiker sich von den negativen Einstellungen befreit haben, die ihm gewiß viele seiner Lehrer in der Vergangenheit eingeflößt haben. Er muß in der Lage sein, das Gute von ihnen anzunehmen, das andere aber zurückzuweisen. Er muß im Spiel er selbst sein. Oft stellen wir fest, daß gewisse streßerzeugende Bewegungsmuster von einem bestimmten Lehrer übernommen werden, ebenso negative Einstellungen wie Angst und Mangel an Vertrauen. Solche Blokkierungen müssen aufgelöst werden, und lösen sich auch auf, wenn einer klar seine musikalische Identität findet. Das ist oft ein schmerzhafter Prozeß und führt anfangs zu Desorientierung.

Drittens muß der Musiker den starken Wunsch verspüren, nichts zu tun als dem Publikum die reine Botschaft, den Atem, die Seele des Komponisten zu übermitteln. Nur das zählt. In gewissem Sinne muß das Ich des Musikers aufhören zu existieren. Nichts darf er nur für seinen eigenen Ruhm oder seine Vorteile tun, sondern zur Ehre der Musik. Ein stolzes oder arrogantes Auftreten hat hier keinen Platz, nur Bescheidenheit. Und es darf keine Sexualisierung der Musik geben, kein: „Schaut mich an. Schaut, wie schön ich bin." In diesem Zustand gibt es keine Angst, keine bange Frage: „Werde ich Erfolg haben? Werde ich gut sein? Werden sie mich mögen?“ Denn das ist nicht im Spiel.

Vor allem muß das Streben nach Höherem („aspiration“) vorhanden sein, der Wunsch, von Herzen zu Herzen zu geben. Der Musiker muß sehr tiefe Liebe zur Musik verspüren und mehr noch Liebe zur Menschheit – Liebe zum Komponisten, zu den Zuhörern, und den Wunsch, den Zuhörern die Liebe des Komponisten weiterzugeben. Er muß sich der Gefühle der anderen bewußt sein, besonders derer des Komponisten und der Zuhörer. Er muß ein Mensch totaler Liebe sein.

Dann wird er der ideale Musiker sein, vollkommen in Geist, Körper und Seele.

*

Ich mußte an diese Kriterien denken, als ich die Rezension eines Buches über einen der berühmtesten Musiker unserer Zeit las. Es wird Sie nicht überraschen, daß er dem Test nach kein energiestarker Musiker ist. Der Autor spricht von angeblichen nervlichen Krisen und seinem problematischen Sexualleben, daß er ein schwieriger Mensch sei, „rücksichtslos gegenüber Freunden, unmöglich gegenüber Agenten und Produzenten, destruktiv und grausam gegenüber Schülern, lieblos zu seiner Familie“. (Nach dem Tod seiner Tochter erklärte er: „Ich hatte keine Tochter.“) Solch ein Mensch, mag er noch so berühmt sein, ist nicht unser idealer Musiker.

Wenn Sie ein Musiker mit hohem Ziel sind, so gehen Sie nicht zu solch einem Mann. Er möchte Ihnen eigentlich nicht helfen. Er liebt Sie nicht und auch keinen anderen Menschen außer sich selbst. „Aber“, werden Sie sagen, „ich kann die Technik bei ihm lernen.“ Letztendlich wird dies nicht der Fall sein, denn wenn die Botschaft der Liebe nicht aus dem Herzen kommt, wird der Atem gestört, und jede Bewegung ist mit Streß belastet. Sie erlernen vielleicht eine virtuose Technik, aber nicht, Liebe zu übermitteln. Er kann Sie nur wenig lehren, bestenfalls ein abschreckendes Beispiel sein.

Denken Sie daran: wie im Leben, so in der Musik. Gehen Sie bitte zu dem Lehrer, der Liebe im Herzen hat. Bei ihm werden Sie alles notwendige lernen, um ein guter Musiker und ein guter Mensch zu sein, und vielleicht werden Sie ein idealer Musiker, von dem perfekte Liebe ausströmt.

Die Musik im Herzen ich trug,
obwohl sie schon lange verklungen.

Wordsworth

Anhang I

Der Standard-Muskeltest

Für den Test braucht man zwei Personen: die Testperson und den Tester. Um den Standardtest „im klaren" durchzuführen, gehen Sie folgendermaßen vor:

1. Die Testperson steht aufrecht, der rechte Arm hängt entspannt seitlich herunter, der linke Arm wird mit gestrecktem Ellbogen horizontal zur Seite gehalten.[1]

2. Stellen Sie sich der Testperson gegenüber und legen Sie ihre linke Hand zur Stabilisierung auf ihre rechte Schulter. Legen Sie dann die rechte Hand auf den ausgestreckten linken Arm der Testperson, etwas oberhalb des Handgelenks.

3. Sagen Sie der Testperson, daß Sie versuchen werden, ihren Arm herunterzudrücken, während sie mit aller Kraft Widerstand leisten soll.

4. Drücken Sie jetzt ziemlich schnell, fest und gleichmäßig auf den Arm. Es kommt darauf an, gerade so fest zu drücken, um das Sperren im Arm überprüfen zu können, nicht so stark, daß der Muskel ermüdet. Es geht nicht darum, wer stärker ist, sondern ob der Muskel das Schultergelenk gegen den Druck „einrasten" kann.

Zu beachten: Lächeln Sie nicht, während Sie einen Test durchführen oder selbst getestet werden.

Wenn die Testperson dem Druck Widerstand leisten kann, sagen wir, daß sie stark testet – das bedeutet, daß sie von dem Teststimulus nicht negativ beeinflußt wird. Wenn sie dem Druck nicht widerstehen kann, sagen wir, daß sie schwach testet – ihre Lebensenergie ist von dem Teststimulus negativ beeinflußt worden.

Nähere Anweisungen enthält das Buch: *Der Körper lügt nicht.*

1 Sie können auch den anderen Arm nehmen.

Anhang II

Der Thymus-Test

Beim Thymus-Test gehen Sie folgendermaßen vor:

1. Testen Sie die Testperson „im klaren“ mit dem Standard-(Deltamuskel-)Test.
2. Die Testperson legt die Fingerspitzen der freien Hand auf die Verbindungsstelle zwischen zweiter Rippe und Brustbein (das manubriosternale Gelenk). Dieser Punkt liegt direkt über der Thymusdrüse.
3. Während die Testperson den Thymuspunkt berührt, testen Sie noch einmal den Indikatormuskel. Wenn er stark testet, ist die Thymusdrüse (und somit auch die Lebensenergie) von dem Stimulus nicht negativ beeinflußt; wenn der Muskel schwach testet, ist sie negativ beeinflußt.

Nähere Anweisungen enthält das Buch *Der Körper lügt nicht,* S. 40/41.

Anhang III

Der Nabeltest

Um den Nabeltest durchzuführen, gehen Sie folgendermaßen vor:

1. Testen Sie die Testperson „im Klaren“ mit dem Standard-(Deltamuskel-)Test.
2. Lassen Sie den Getesteten mit den Fingern der rechten Hand den Nabel berühren. Er sollte stark testen.
3. Lassen Sie ihn die Hand wieder vom Nabel nehmen und legen Sie jetzt Ihre linke Hand auf den Nabel. Der Getestete sollte stark testen.
4. Während Ihre Hand bleibt, wo sie ist, lassen Sie nun den Getesteten seine rechte Hand auf Ihre linke legen. Wenn er schwach testet, sprechen wir von einem „Nabelproblem“. Wenn er stark testet, sprechen wir von einer „negativen Nabelreaktion“.

Ausführliche Anweisungen und Erklärungen finden sich in: „The Umbilicus Test“, The Collected Papers of John Diamond, Vol. II.

Anhang IV

Der Atemlänge-Test (LEBST*)

(* Life Energy Breath Span Test = Lebensenergie-Atemdauer-Test)

Sie und Ihr Partner machen sich zunächst mit dem Standard-(Deltamuskel-)Test vertraut (siehe Anhang I). Dann holt die Testperson tief Luft und hält den Atem an,[1] während der Testende im Abstand von ungefähr zwei Sekunden auf den ausgestreckten Arm drückt, um zu testen, ob der Deltamuskel der Belastung auch widerstehen kann, während der Atem angehalten wird. Sie werden feststellen, daß die Testpersonen sich hinsichtlich der Zeitspanne, bis der Test bei angehaltenem Atem eine Schwäche zeigt, deutlich unterscheiden; das gibt uns Aufschluß über das Grundniveau ihrer Lebensenergie.

Beim LEBST-Test messen wir, wie lange der Muskel der Testperson bei angehaltenem Atem stark bleibt, während sie verschiedene Interpretationen derselben Musikpassage hört. Unabhängig davon, wie lange eine Testperson den Atem ohne Musikstimulus anhalten konnte, wird sie jetzt beim Hören von Musik in eine von zwei Gruppen fallen. Bei bestimmten Interpreten kann die Testperson nur für kurze Zeit den Atem anhalten, zum Beispiel fünf Sekunden, während sie bei anderen Interpretationen desselben Stücks beträchtlich länger, bis zu vierzig Sekunden, den Atem anhalten kann und weiterhin stark testet.

Anhand dieses Tests können Musiker leicht in zwei Gruppen aufgeteilt werden. Diejenigen, bei deren Musik die Testpersonen den Atem anhalten können, bevor sie schwach werden, sind energiestarke, streßfreie Musiker, und mit Hilfe ihrer Musik kann die Testperson den eigenen Streß reduzieren und die Lebensenergie erhöhen. Die, deren Musik dieses Ergebnis nicht erzielt, sind beim Musizieren gestreßt und energieschwach und das überträgt sich auf den Zuhörer. Der Effekt ist unabhängig von der Atem-Zeitspanne der Testperson, wenn keine Musik gespielt wird.

Wir haben einmal einen Doppelblindversuch durchgeführt; bei dreißig Testpersonen wurde jeweils der Beginn des ersten Satzes von fünf Beethoven-Klaviersonaten getestet. Wir testeten Schallplattenaufnahmen und einige Konzertmitschnitte. Insgesamt wurden sechsundvierzig Interpreten und verschiedene Aufnahmen getestet. Mit Hilfe des Atemlängen-Tests ließen sich die Musiker leicht unterscheiden. Es ergaben sich zwei Gruppen – die Fünf-Sekunden-Gruppe (die „gestreßten“ Musiker) und die Fünfundzwanzig-Sekunden-Gruppe (die „streßfreien“ Musiker). Fünfzehn Musiker waren energiestark (streßfrei) und einunddreißig gestreßt. Leider geben nur sechs von den energiestarken heute noch Konzerte.

*

Offensichtlich müssen viele Faktoren berücksichtigt und beurteilt werden, wenn man Bewertungskriterien von musikalischer Interpretation aufstellt.

Der LEBST-Test bezieht sich auf die physiologische Seite der Musik, mit der Wirkung auf den Körper. Er hat wenig zu tun mit technischer Virtuosität um ihrer selbst willen. Natürlich kann ohne hohes technisches Niveau der Puls des Komponisten nicht übermittelt werden. Doch der Atemlängen-Test geht über technische Erwägungen hinaus. Da es sich um eine physiologische Reaktion handelt, läßt er sich nicht durch Werbung und Publicity verfälschen. Außerdem testet er das Wichtigste in der Musik – nicht akademische Kriterien, nicht sentimentale oder oberflächliche Rührseligkeit. Er testet vielmehr den Urgrund für die Existenz von Musik – er testet ihre therapeutischen Qualitäten, ihre Fähigkeit, zu heilen. Wir dürfen nicht vergessen, daß die Musik die große Therapie ist und die transzendentalen Künstler die großen Therapeuten.

1 Es kommt nicht darauf an, an welchem Punkt des Atem-Zyklus der Atem angehalten wird; da jedoch die meisten Menschen ihn bei voller Einatmung anhalten möchten, haben wir ihn so standardisiert.

2 Die Natur des Tests macht eine absolut genaue Zeitmessung schwierig, da das Testen selbst Zeit in Anspruch nimmt. Die zwei unterschiedlichen Gruppen kristallisieren sich jedoch deutlich heraus. Außerdem brachen jene, die bei bestimmten Interpretationen den Atem lange anhielten, ab, weil sie keine Luft mehr hatten – nicht weil sie tatsächlich schwach waren.

Über den Autor

Dr. John Diamond führt in Valley Cottage, New York, eine Praxis für Präventivmedizin und Psychiatrie. Er promovierte im Jahre 1957 an der medizinischen Fakultät der Universität von Sydney, Australien, und erhielt 1962 an der Universität von Melbourne das Diplom der Psychiatrie. Er ist Mitglied der International Academy of Preventive Medicine, die er vorher präsidierte, Direktor der Archaeus Research Foundation, beratendes Mitglied an der Community Music School der New York State University; er erhielt zahlreiche Lehraufträge an Kliniken und Universitäten und hielt schon über tausend Vorträge vor Berufsverbänden, in Radio und Fernsehen; er ist Mitherausgeber des monatlich erscheinenden Diamond-Reports; an seinem Institute for the Enhancement of Life Energy and Creativity leitet er die Forschung und führt auch Einzeltherapien durch.

Eines seiner Hauptinteressen gilt der Beziehung zwischen Musik und Gesundheit. Dr. Diamond forscht seit mehr als 25 Jahren auf diesem Gebiet und integriert die Resultate in seine klinische Praxis. Dabei gilt ein großer Teil der Kreativitätssteigerung und Streßreduzierung für Berufs- und Amateurmusiker. Er hielt zahlreiche Vorträge in Amerika und Europa, darunter auch am Salzburger Oster Festival Symposium, das von der Herbert von Karajan-Stiftung organisiert wurde. Zu seinen zahlreichen Publikationen gehören unter anderen: Der Körper lügt nicht; Lebensenergie in der Musik Bd. I (erschienen im Bruno Martin Verlag) und der hier vorliegende Bd. II; Die heilende Kraft der Emotionen; the Re-Mothering Experience; Speech, Language ant the Power of the Breath; Lectures on a Spiritual Basis of Holistic Therapy; Life Energy.

Informationen über Musikkassetten und andere Veröffentlichungen erhalten Sie schriftlich oder telefonisch bei:

Institutes for the Enhancement of Life Energy Creativity
Post Office Drawer 37
Valley Cottage, New York 10989 USA
Tel. (914) 268-5144

Dr. Roger J. Callahan
Leben ohne Phobie

Wie Sie in wenigen Minuten Ihre Phobie oder Angst verlieren können.
Phobien und Ängste beherrschen das Leben vieler Menschen. Dieses Buch ist ein Meilenstein auf dem Weg zur erfolgreichen Behandlung von Phobien und Ängsten. Es berichtet von den Heilungserfolgen Dr. Roger J. Callahans, der in 85% aller Fälle seine Patienten von ihren Ängsten befreien konnte: augenblicklich, schmerzlos und auf natürliche Weise. Sie können diese Methode sofort selbst für sich und andere anwenden. – Ein sehr empfehlenswertes Buch für Therapeuten und für die, die sich selbst helfen wollen.
209 Seiten, Illustrationen, Paperback, 28,– DM/sFr.
ISBN 3-924077-07-X

Der kombinierte Begriff „Angewandt" und „Kinesiologie" umschreibt die Grundlage dieses Systems, welches manuelles Muskeltesten verwendet, um Informationen über Vorgänge im Gesamtorganismus zu bekommen, seien sie psychischer, physischer oder biochemischer Natur.
Die AK ermöglicht es, innerhalb kürzester Zeit körperliche Funktionen zu beurteilen, und schafft einen Überblick, wie Drüsen, lymphatisches System, Organe, Kreislauf, Nervensystem und die Muskel-Knochen-Struktur beschaffen sind.
Diese Buch zeigt die spannende Technik und erklärt den praktischen Nutzen für jedermann.
Ca. 150 Seiten, Paperback, ca. 20,– DM/sFr.
ISBN 3-924077-09-6
Erscheint im Herbst 1987.

Dr. John Diamond
Der Körper lügt nicht

Eine neue Wissenschaft, die Ihren Körper und Ihr Leben verändern kann, stellt sich Ihnen hier vor: **Behaviorale Kinesiologie.**
Ausgehend von der Erkenntnis, daß die Thymusdrüse eine bedeutende Rolle bei der Regulierung der Körperenergie spielt, kann Behaviorale Kinesiologie Sie zu einem vitaleren und gesünderen Lebensstil führen.
205 Seiten, viele Fotos und Illustrationen, Paperback, 24,– DM/sFr.
ISBN 3-924077-00-2

Dr. Janet Goodrich
Natürlich besser sehen

Ein Buch einmal für alle, die Schwierigkeiten mit den Augen haben: Alte und Junge, Brillen- und Kontaktlinsenträger, Weit- und Kurzsichtige, Schielende und auch deren Kinder. Zum anderen eigentlich für jeden, der im weitesten Sinne mehr ,,sehen" will vom Leben und von der Welt. Die amerikanische Augentherapeutin Dr. Janet Goodrich hat in den letzten zwanzig Jahren Tausenden von Menschen zu besserer Sicht und oft zum Abschied von der Brille verholfen.
Erstmals finden wir in ,,NATÜRLICH BESSER SEHEN" auch Augenspiele für Kinder, bisher in deutscher Sprache schmerzlich vermißt.
Ein ermutigendes Buch, das Selbstverantwortung fördert, einem die Freiheit der Wahl wiedergibt. Für den Kurzsichtigen könnte es eine ,,Erleuchtung" bedeuten, doch auch ,,Normalsichtige" wird diese Lektüre bereichern und ihnen die Angst vor ,,Altersstarrsicht" und ,,Altersstarrsinn" nehmen.
268 Seiten, viele Illustrationen, Paperback, 34,80 DM/sFr.
ISBN 3-924077-05-3

Dr. John Diamond
Die heilende Kraft der Emotionen

Dieses herausfordernde, sensationelle Buch konzentriert sich auf den psychologischen Aspekt der Lebensenergie.
Dr. Diamond, ein international bekannter Psychiater, zeigt Ihnen, wie Sie Ihre Lebensenergie hoch halten können.
Er beschreibt die Basis positiver und negativer Zustände, welche auf die Lebensenergie einwirken. Negative emotionale Zustände (Haß, Ärger, Neid etc.) reduzieren die Lebensenergie des einzelnen. Positive emotionale Zustände (Liebe, Vertrauen, Mut etc.) heben den Energielevel und helfen dem einzelnen, mit den geistigen und psychischen Streßfaktoren des Lebens fertig zu werden, und verstärken unsere Kreativität und Produktivität.
Mit Hilfe eines einfachen Muskeltests zeigt Ihnen Dr. Diamond, wie Sie den Zustand Ihrer Lebensenergie einschätzen und die spezifischen psychologischen Faktoren ausschalten können, die störende Einflüsse und Auswirkungen haben. Durch positive Affirmationen können Sie Ihre Lebensenergie steigern.
274 Seiten, viele Fotos und Illustrationen, kart., 35,– DM/sFr.
ISBN 3-924077-02-9

Das *Institut für Angewandte Kinesiologie* in Freiburg veranstaltet laufend Kurse in Edu-Kinestetic, Touch for Health (Gesund durch Berühren), Natürlich besser sehen und den unterschiedlichen Bereichen der Angewandten Kinesiologie. Das Institut ist ständig bemüht, durch engen Kontakt mit den Pionieren der Methode aus dem Ursprungsland, den Vereinigten Staaten, die neuesten Forschungen in den Entwicklungen aus dem Bereich der Angewandten Kinesiologie zu integrieren. Ein weiteres Anliegen ist die Veröffentlichung von Literatur zum Thema, um eine möglichst große Verbreitung der Angewandten Kinesiologie auch im deutschsprachigen Raum zu ermöglichen.
Wer an der Arbeit des Instituts interessiert ist, kann kostenlos Unterlagen anfordern über die folgende Adresse:

INSTITUT FÜR ANGEWANDTE KINESIOLOGIE
FREIBURG
Zasiusstraße 67, D-7800 Freiburg, Telefon 0761/72729